金融科技人才培养模式创新

任　媛　张洪波　易　鑫◎著

中国商务出版社

·北京·

图书在版编目（CIP）数据

金融科技人才培养模式创新/任媛，张洪波，易鑫
著. -- 北京 : 中国商务出版社， 2024. 11. -- ISBN
978-7-5103-5528-8

Ⅰ. F832

中国国家版本馆CIP数据核字第2025BS8594号

金融科技人才培养模式创新

JINRONG KEJI RENCAI PEIYANG MOSHI CHUANGXIN

任　媛　张洪波　易　鑫　著

出版发行：中国商务出版社有限公司

地　　址：北京市东城区安定门外大街东后巷28号　　邮　　编：100710

网　　址：http://www.cctpress.com

联系电话：010—64515150（发行部）　010—64212247（总编室）
　　　　　010—64515164（事业部）　010—64248236（印制部）

责任编辑：丁海春

排　　版：北京盛世达儒文化传媒有限公司

印　　刷：宝蕾元仁浩（天津）印刷有限公司

开　　本：710毫米×1000毫米　　1/16

印　　张：12.25　　　　　　　　　字　　数：200千字

版　　次：2024年11月第1版　　　　印　　次：2024年11月第1次印刷

书　　号：ISBN 978-7-5103-5528-8

定　　价：79.00元

前言 >>>

在21世纪的金融领域，科技的迅猛发展正在重塑行业的未来。金融科技（Fintech）的兴起，不仅改变了金融服务的交付方式，也为金融行业带来了前所未有的挑战和机遇。随着大数据、人工智能、云计算、区块链和物联网等技术的广泛应用，对金融科技人才的需求日益增长，这对传统的金融人才培养模式提出了新的挑战。本书旨在为金融教育者、从业者以及政策制定者提供一个全面的视角，以理解和满足金融科技时代对人才培养的新要求。

首先，本书从金融科技的基础内容入手，探讨了科技与金融结合的理论基础和技术支撑，分析了金融科技对传统金融业务的深远影响。在此基础上，本书深入分析了金融科技人才的定义、特点和发展历程，以及他们在金融行业中的分类和角色定位。其次，书中对传统金融人才培养模式进行了全面的回顾，并指出了其在金融科技时代的局限性，提出了金融科技人才培养模式创新的必要性，并探讨了创新培养模式对行业发展的推动作用。

在探讨金融科技人才培养模式创新的侧重点时，本书强调了能力侧重和方向侧重的重要性，并构建了金融科技核心知识体系。本书认为，金融科技人才应具备心理素质、跨界能力、数字化技能、创新能力和国际化视野。同时，书中提出了金融科技人才培养的创新策略，包括"应用+专业+思政"课程体系的构建和基于学生体验的导入式教学方法。

最后，本书探讨了金融科技人才培养的评价机制，包括评价的重要性、多维度评价指标体系的构建以及定量与定性评价方法的结合运用。建立一个科学、公正的评价机制对于提升人才培养质量至关重要。

在编写本书过程中，收集、查阅和整理了大量文献资料，在此对学界前辈、同仁和所有为此书编写工作提供帮助的人员致以衷心的感谢。由于篇幅有限，本书的研究难免存在不足之处，恳请各位专家、学者及广大读者提出宝贵意见和建议。

作　者

2024年5月

目录 >>>

第一章

金融科技概述

第一节　科技与金融结合的理论基础

一、科技

（一）科技的概念

科技即科学与技术的统称。"科学"一词来源于拉丁文"science"，主要是知识和学问的意思。实际上科学就是通过对普遍现象、普遍真理的发现、积累和分析，所形成的反映人们对自然、社会、思维等客观规律的分科的知识体系，它包含了人类生活的各个领域。"技术"一词来源于希腊词汇"techne"，主要指生活中的个人手艺和技巧。18世纪的法国哲学家狄德罗认为"技术是为某一目的的共同协作组成的各种工具和规则体系"。随着人类文明的不断发展，技术的范围也在不断扩大，运用在人类生产生活的各个领域。简单来说，技术是人类通过积累生活经验和劳动技巧所形成的、达到特定目的的操作经验和操作方法。

总的来说，科学与技术是统一辩证体，是通过理论调查、研究与实践事物之间存在的客观联系和规律，所得到的快速、便捷、高效的特定目的的方法和手段。二者相互依存、相辅相成。

（二）科学与技术的关系

1. 科学与技术的区别

（1）科学与技术本质不同

科学是人类通过对自然界、社会等客观现象的了解所形成的知识体系，其存在有一定的必然性。科学形成的过程正是人类对于客观世界的本质和规律的发现过程，科学主要解释了自然客观现象的本质和其出现的原因。而技术的存在有一定的偶然性，技术进步的过程是人类通过已经建立的科学体系，对已知事物进行利用和改造，并通过发明、试验和总结形成新的方式和方法来维持、协调和发展人与自然界的关系。技术的存在有着很强的实践性，每一项技术的出现和革新都是为实现人类自身的愿望而提供便利，技术可以说是对科学的实践运用。

（2）科学与技术的研究目标和社会价值不同

学者对科学的研究往往是探索的过程，科学研究的目的往往是通过加深人类对自然界以及人类对自身的了解，形成更加系统和完善的知识体系，而科学研究所取得的成果未必能在实际生活中直接运用或造成大的影响，科学的价值在于其正确性和深刻性。而技术的研究具有明确的、清晰的社会目的，经济利益、军事利益或社会利益是技术发展与创新的根本动力。所以技术的价值在于其经济性、可行性和先进性，一项技术价值的高低主要取决于其能否为人类所用。总的来说，科学研究的目标是教导人们，而技术研究的目标是服务大众。

（3）科学与技术的载体不同

科学活动主要以知识形态存在，其载体以报告、著作、书籍等为主，而技术活动的产物主要以物质形态出现，其载体以设备、产品、软件等为主。同时，科学活动的成果及价值往往很难用数字或金钱来衡量，而技术活动的成果往往可以量化，甚至可以直接将技术作为商品进行买卖。

（4）科学与技术的生命周期不同

科学往往是永恒的，人类在不断探索自然事物的同时，科学以知识体系的形态在被不断积累，科学探索亦是一个由浅到深、由未知到已知循序渐进的过程，所得到的科学知识不会随着时间而逐渐消失，只会在探索和发现中不断被补充和纠正。而技术往往具有一定的生命周期，随着人们知识体系的不断完善，技术也在被一次次地突破和更新，在技术领域总是会出现新技术代替老技术、新发明取代旧发明的现象。所以理论上说，每一项技术都有一定的生命周期，一旦新技术被开发利用，旧技术就会被逐渐淘汰。

2．科学与技术的联系

（1）科学是技术进步的理论基础

技术的进步往往依赖科学的发展。科学的发展帮助我们不断扩大自身的知识体系和对身边事物以及未知事物的理解，人们通过发现新的知识领域，更容易了解现存技术的不足和改善空间，以达到不断更新技术的目的。

（2）技术是科学研究的必要手段

科学的发展同样也需要技术的支持。因为技术不仅在一定程度上体现了科学的价值，其本身也为科学探索提供了工具。科学研究所经历的观察、总结、数据分析、实验等步骤都要通过不断更新的技术设备实现。

（3）二者是统一辩证体

科学与技术相互渗透、相互转化，二者是统一辩证体。随着人类对科学领域的不断探索和对技术领域的不断创新，科学与技术已经趋于一体。人们通过科学发现来不断更新现有技术，又通过一次次技术突破来为科学发展服务，二者的联系越来越紧密。许多新兴技术特别是高新技术的产生和发展就直接来自现代科学的成就。科学与技术的协调统一发展已经成为社会进步与发展的内在动力。

3．高新技术的含义和特征

高新技术主要是指高智力含量、高科技含量、高创新意识、高专业指向、高国际竞争力的技术。高新技术亦包含人类生活的各个领域，如生物、电子、数字、空间、新能源、信息等。21世纪的社会已逐渐发展成为信息社会和科技社会，随着各国科技的发展，高新技术已在各个领域得到广泛应用。而国家间高新技术领域的竞争已成为国际实力竞争的主要内容之一，一个国家高新技术领域的发展是否领先也决定了该国国际竞争力的强弱。美国的"大学研究院区"、日本的"科学城"、中国的"高新技术开发区"等都是各国为提高自身高新技术研究和发展所创建的高新技术产业开发区。我国高新技术产业化成果显著，在航天、电子、通信、新能源汽车、高速铁路等方面都取得了很好的成绩，很多方面的技术也已步入世界先进行列。

高新技术发展之所以能成为21世纪影响社会发展和国际竞争力的重要因素，与其自身的特征是密不可分的。

（1）高新技术具有高智力性

21世纪的国际竞争是高新技术的竞争，归根结底是人才的竞争，因为人才和智力是高新技术开发研究的内在动因。国家之间的高科技竞争已逐渐转变为人才的竞争，所以高新技术企业往往是人才密集型企业，也只有如此，才能保证企业在科研开发中充满活力。

（2）高新技术具有高创新性

高新技术的研究目的是通过知识积累、科研开发、实验应用，将所得到的高新技术产业化，从而改变人们的生活现状、增强国家的国际竞争力、探索未知的技术领域。简单来说，高新技术就是为了创新而存在，科研开发的过程本身就是创新的过程。

（3）高新技术具有高风险性

人们对高新技术研究和开发的过程，是不断探索的过程，其创新性决定了它要打破常规。高新技术的实施具有风险性，高新技术的投资和收益不一定成正比，而高新技术的开发过程必将面临许多失败，如何将高新技术市场化、产业化一直是高新技术开发所面临的难题。高新技术的高风险性也决定了科技型企业必将遇到融资难的问题。

（4）高新技术具有一定时效性

因为行业间、区域间甚至国家间的技术竞争异常激烈，所以高新技术的时间效应相当明显，一项新技术被开发利用，只有及时将其投入使用，才能取得理想收益，一旦没有及时投入使用，该项技术就很容易被复制甚至淘汰。

（5）高新技术具有高收益性

高新技术的应用初期，必将伴随技术的稀缺性和高效性。一旦一项新技术被成功市场化和产业化，其开发者和应用者就会在市场中占有一席之地，不仅会为市场提供稀缺产品和服务，也会在行业竞争中以高效生产或低成本生产而保持领先。所以高新技术的合理运用必然会带来可观的收益。

二、金融

（一）金融的概念

金融的本质就是价值的流通，即对现有资源进行有效配置后，实现其等效价值的相互交换。在金本位时代，黄金因其稀缺性等特定属性，作为价值的代表和标的物，金即黄金，融有流动、融通的意思。所以金融就是价值的流通。传统意义上的金融主要是指存款、贷款和结算这三大传统金融活动。而随着全球经济的发展和各国金融系统的完善，现代意义上的金融涵盖的范围更广，无论是货币的发行、兑换、结算，外汇的买卖，有价证券的发行、转让或是保险、信托等一系列金融活动，都在金融的范围之内。总的来说，金融就是指一系列与资本流通和信用交换相关的经济活动。

（二）金融体系

金融体系是指在一个国家或一个经济体内，由金融部门、金融中介、金融市场和金融个体组成的，在金融立法和金融监管的调控下进行金融活动的经济模式的统称。其中金融部门主要指政府机构、政策性银行等为非金融机构提供金融服务的各个部门。金融中介主要包括商业银行、专业性银行、保险公司、信托公司等，是从资金盈余单位获取资金提供给资金缺乏单位，并通过信用评估、资源配置、信息管理等方式为政府、企业和个人提供金融服务的中间机构。金融市场是指资金提供者和需求者通过货币交易和资本交易完成资金融通的市场，其既是有形市场又是无形市场，并随着经济发展与科技进步逐渐由有形市场向无形市场转变，包括商业票据市场、保险市场、股票市场、债券市场等。金融个体多指参与金融活动的企业或个人。金融立法主要指一国政府为了维护金融市场有序及公正的运行，所形成的一套维护金融市场安定和金融个体利益的法律体系。金融监管指政府对金融市场进行风险控制、对金融行为做出严格把关，并对违规违法的金融行为做出处理的监管机制，主要的监管部门包括银行监管部门、证券监管部门、保险监管部门等。

因为金融体系在不同国家和地区有着很大的区别，所以很难对全球金融体系做出统一描述。例如在美国，金融市场在整个金融体系中的作用最为显著，政府及政策性银行对整个金融体系的影响作用不大。而在德国的金融体系中，几家大银行在金融活动中发挥支配作用，金融体系受金融市场的影响不大。在中国，金融体系由政府主导，政府对金融市场进行干预，从而保证金融活动有序进行。

（三）广义的金融与狭义的金融的范围

广义的金融，其活动范围较广，是指资金的需求方和供给方利用各种金融工具，通过各种金融市场和金融中介进行的一系列金融活动，包括金融机构与金融机构之间、金融机构与客户之间、金融机构与金融中介之间、金融中介与金融中介之间以及金融中介与客户之间，各种完成货币、有形资本与无形资本等金融流通的金融活动，如存款、贷款、信托、租赁、保险、票据抵押与贴现、股票和债券买卖、黄金外汇交易等都是广义金融的范畴。

狭义的金融则专指信用货币的流通。信用货币是指以信用为担保，通过信用程序创造和发行的货币。

（四）金融的功能

1. 储蓄和投资功能

储蓄功能是金融系统最基本的功能，对于资金盈余者而言，长期搁置盈余资金不仅会有一定的安全隐患（盗窃、抢劫、意外灾难等），还会随着通货膨胀逐渐降低其价值。金融系统为资金盈余者提供了安全和可投资性的机构，不仅能有效保障资金的安全，亦使资金盈余有机会从投资中获得可观收益。其可将盈余资金存入银行，以收取利息；亦可将盈余资金投资于资本市场，以获得更好回报，例如股票、债券、期货市场等，但金融的投资功能同样给投资者带来一定的风险。

2．融资功能

金融系统的融资功能主要指帮助资金短缺者从金融机构或金融市场获取资金。许多企业和创业者在创立初期或成长期，需要大量的资金支持来维持其的发展和壮大，因而在金融市场上充当着资金短缺者的角色。因为金融系统的存在，满足条件的个人或者组织可以从银行等金融机构获取贷款，也可以通过吸引风险投资和创业投资基金来实现自身的发展。

3．金融资源配置功能

对于整个社会而言，金融系统最明显的功能就是完成了社会金融资源的有效配置。金融系统通过金融储蓄、金融借贷、金融担保、金融信用评估、金融资本抵押等一系列手段，以政府或市场为主导，将金融资本从资金盈余者向资金稀缺者转移，大大提高金融资本的利用效率。日益多元化的金融产品和多层次的金融资本市场，在帮助资金盈余者从储蓄和投资中获利的同时，更多地帮助资金稀缺者完成了资本注入，促进了企业的成长，为社会经济的蓬勃发展注入了无限动力。当然，在对金融资源进行有效配置的同时，也不可避免地带来了风险。

4．流动性功能

金融的本质就是价值的流通，因此，金融系统的流动性功能也是其与生俱来的特质。在对金融资源整合配置的过程中，金融资本以货币、股票、债券、期货、保险等众多形式在金融市场上流动，金融系统的流动性功能，保证了金融资本的高效利用，为金融资源有效配置提供了必要条件。

5．结算和支付功能

金融系统的存在，赋予了股票、债券、期货等众多金融产品货币的功能，有价证券在现代经济中的结算和支付功能越来越明显，有价证券的价值性和流动性使其拥有了一定的货币属性，在结算和支付过程中，金融产品的所有者往往更倾向于用其来代替货币（现金流）。但与货币不同，因为金融系统本身的性质，决定了金融产品的价值会随着市场环境的变化而改变，并不像现金一样有固定面额，所以，金融产品的结算和支付功能也同样伴随着风险。

6. 展示和反馈金融政策功能

金融系统的建立和监管都离不开政府政策的支持和影响，特别是像中国这种，将金融政策作为金融市场发展主导因素的国家，金融政策的可行性、合理性和严谨性对金融体系的发展有着深远的影响。金融系统自身是否健康是对金融立法和金融政策的最直接展现。金融系统通过对金融市场活跃程度、先进程度、安全程度等一系列金融现象的展现，对政府的金融政策做出直接的反馈，以便于政府在引导、协调和监管过程中做出适当调整。

7. 风险管理功能

金融系统的组成丰富多样，除了基本的银行系统和股票系统，还包括了基金、期货、期权、对冲基金等多种衍生品。各种金融衍生品和金融衍生工具之间存在着一定的联系，在投资中，充分地使用金融衍生工具并发挥其功能，可以有效地对未知的投资风险进行把控和规避，随着金融市场的不断完善，金融衍生工具之间的关系越来越密切，只要对金融衍生品进行有效使用，就可以将投资的风险逐步减少。

三、金融科技结合的未来

金融科技将从数据、风险防控、支付等多个方面改变人们的生产生活方式和行为模式，嵌入经济社会发展的各个环节，完成基于信息与价值的现代金融体系的整体重构，帮助形成一个科学防控、便捷安全支付、充分体现数据价值、信息共享的金融体系，更好地服务实体经济。

（一）数据是数字经济时代的重要基础性战略资源

未来，每个人、每家企业、每家金融机构都将既是数据的生产者，又是数据的消费者。金融科技可以充分挖掘数据价值、提高数据互通能力、促进数据的融合应用及数据价值的充分发挥。数字经济是供给侧结构性改革的一项重要内容，数据作为一种全新的生产要素被放到了重要的战略位置，推动着数字经济的深入发展，引领实体经济数字化转型。要实现数据要素的市场化，就需要与劳动、土地等生产要素一样，实现经济效益。对数据而言，就是要进行生产要素的确权、定价、流通、商业化和隐私保护，这都需要金融科技的进一步融合深化。能够实现数据要素市场化的两个关键技术支撑是区块链技术和物联网技术，而核心在于这两种技术与金融的深度融合。

1. 区块链金融与数据

区块链技术利用其智能合约、点对点传输、分布式数据存储、共享机制等核心特性，在金融领域的创新应用不断升级，带来了供应链金融、产业链金融、贸易金融、资产证券化、跨境支付等落地场景的多元化发展。

数据在存储、流通过程中容易被篡改、伪造。区块链网络内各节点存储的是数据，链上交易的也是数据。区块链的不可篡改性，使数据一旦上链，"链上"信息就变得"透明"且不可篡改。可将其与物联网技术结合，实现出入库记录和质押记录的安全存储、质押物的实地实时监控，将可信信用转化为数据，上链进行存证和溯源，数据通过上链进行了确权。

在虚拟的数据资源中，各种虚拟交易信息集合在机构数据库中；银行等金融机构数据库保存了很多的客户信息，这种信息往往是机构的资源甚至财富，可以利用数据资源实现机构财富最大化的目标，这种通过网络储存起来的无形资产，同样也面临着安全问题。近年来，网络犯罪的数量增加，保证数据的安全是防范风险的重点。

一方面，金融机构可以利用大数据轻松获得个人信息，帮助金融机构了解消费者的需求，识别风险，为个人提供个性化、定制化的金融服务和产品，却忽视了因数据泄露而产生的个人隐私问题。另一方面，提高资源配置效率，降低信息不对称，就要信息共享。交易产生数据，消费者的活动轨迹也会产生数据。我们都有这样的经历：如果我们在某一平台上进行了某一交易，马上就会看到与交易有关的链接出现；或者我们浏览了某一网站上的某条信息，就会有相应的广告推送。这是因为我们的数据被自动"交易"了，信息被共享了。

数据泄露的形式主要有两类：一是机构或企业内部人员受利益的驱使，将机构或企业内部数据泄露，由此导致的恶性竞争和报复性行为；二是机构本身的数据安全系统存在问题，外来侵入者很容易盗取数据，从而引发财产损失。数据隐私无法保障，就会产生隐私保护与数据共享的矛盾。"上链"之后，交易信息在公链上是公开的，活动轨迹在公链上也是公开的，但是账户身份信息在私链上没有经过信息所有人的允许，任何平台或机构都是看不到的。因此，数据隐私保护与数据共享的矛盾可以通过区块链技术来解决。

因区块链可以重塑信任机制、降低运营成本、提高服务效率，已成为银行业未来金融科技布局的重点之一。在区块链技术背景下，金融服务更加贴合实体经济，传统金融机构、产业链之间的边界将逐渐模糊。数据拥有价值，将成为产业之间、企业之间的纽带。

2. 物联网金融与数据

物联网这一概念，最早是由美国麻省理工学院的Kevin Ashton教授于1991年提出来的。物联网是指能够把"物—网—物、人—网—物"连接起来，利用射频识别（RFID）等感应器、互联网络等传感器和设备映射终端平台，进行相互通信和信息交换，以实现智能化应用的新技术。物联网可以实现无处不在的物物相连，主要有以下几个特点：一是实时监控。随时掌握目标物的状态、位置、环境等信息，并依此做出反应，这是物联网的一项主要特征。二是定位追踪。依靠GPS等定位系统及无线通信设备，可以对物体进行动态追踪。三是决策计量。通过网络对数据信息进行收集、整合、处理和分析，将结果传递到物联网终端，能及时做出有效决策。四是远程指挥。各领域无须派遣专业人员实地考察，借助物联网技术传感设备就可以进行远程操控、办理业务。万物互联的时代慢慢到来，物联网技术的普及将更多新设备接入网络，形成海量数据。物联网应用也将呈现出迅速发展的趋势，促进生产生活和社会管理向智能化、网络化、高效化转变。

在物联网技术的支撑下，金融机构将与通信商、设备供应商等各类商家合作，供应商们为金融机构提供射频识别、定位系统、感知设备等传感器芯片，把传感器安置在各个目标上。当目标物发生变化时（比如，受监管汽车所处的位置、状态、司机的驾驶能力；产品的温度、体积变化、所处环境等），应用这些传感器设备能及时进行动态感知，收集相关信息。在网络传输系统下，目标物的数据和状态会迅速传到商家后台，利用计算机的精准计算能力，进行数据分析和处理，再将有用信息通过后台告知商业银行、证券公司、保险公司、租赁公司等金融机构。金融人员可以随时根据反映的信息，在互联网络上对目标物进行远程操作。

物联网与金融的融合将资金流、信息流与实物流连在一起，利用新技术推动金融工具和金融产品的创新，深刻变革着金融领域的商业模式，在支付技术、资产管理等众多金融服务中创新业态，促进金融体系的完善。推动物联网与金融的深度融合、加快业务创新是金融业转型突破的重要战略选择。两者的融合起点为金融服务，落脚点仍是金融服务，在金融监管、动产抵押融资、智能支付和金融保险等方面，物联网技术的应用贯穿整个金融服务流程，实现线上和线下互联互通，金融服务效率更高，金融机构资产评估更加完善。

物联网与金融体系的融合会通过一种全新的智能化架构体系实现实体经济中的物物相连。物联网技术在汽车监控、动产融资、人工智能和保险管理等方面的应用，会推动传统金融模式的一场新革命，这是当前社会发展的必然趋势和潮流。首先，在动产融资中，物联网与金融的融合发展保障了企业动产抵押的可信度，提高了银行放贷金额；在银行领域中，物联网金融使支付方式更便捷安全，信用体系更客观，大大降低了信用风险；在银行移动支付中，利用物联网的感知技术进行扫描，再将数据信息整合后通过互联网络传输后台，交易双方可以及时进行资金转换，支付服务流程加快。其次，物联网与金融的融合能帮助银行对企业的融资动产进行选择和监控。提供贷款业务和租赁业务是银行主要的资金来源，物联网金融的网络化、数据化和信息化发展，可以精准确定融资产品的应用价值，如产品的盈利前景、体验价值等，使产品的物品属性与价值属性有机融合，利用传感等设备监测动产，掌握产品动态，有利于实现企业动产抵质押融资。再次，在保险业中，应用物联网感知技术掌握投保品的位置、状态等信息，通过计算机数据分析和网络层传输，保险机构进行后台管理，控制风险，实时监控投保品状态，无须人员实地考察，服务更智能、更高效。最后，物联网与金融的融合也可以有效预测金融市场趋势，加强与实体经济的联系，使得证券投资策略更加完善合理。

通过物联网络，金融机构可以随时掌握市场信息流动情况，严格把握企业的生产经营情况，全面记录客户信贷偿还历史，并将这些记录形成可靠数据登记在征信体系中，完善信用体系结构及内容，使征信系统更全面、客观、可信。进一步从不同角度对金融客户信息进行收集和整理，对交易对象的资产状况、投资偏好和工作情况进行评估和预测，建立更加完善的风险控制体系。在未来，物联网金融融合技术会更加完善，为各个环节提供可靠的数据体系。

（二）监控是金融科技健康发展的坚实盔甲

监控，即监管与风险防控，是信息科技时代风险防范的内生存在机制。一方面，科学技术的深度应用可以完善风险防控和监管体系，使风险管理手段和工具科技化；另一方面，金融科技的"脆弱性"和"破坏式创新"使金融发展暴露在复杂的风险环境中，监管科技成为风险防控和化解的重要手段。

1. 完善监管体系，科学监管金融科技

金融科技监管体系顶层设计和审慎监管是规范金融科技发展的关键。随着人工智能、大数据、物联网等技术重塑金融业态，各类金融业务之间深度交叉融合，现行的以中央全面掌控金融监管权力、各金融主管机构承担相关监管职责的分业金融监管体系将面临巨大挑战。第四次工业革命背景下金融科技迅速发展，传统金融业在金融科技的推动下日趋数字化、智能化。而大型科技公司也日渐深入金融领域，成为金融科技发展的生力军。无论是传统金融业的科技化，还是科技公司的金融化，都面临着前所未有的挑战，需要完善的监控体系和监控手段来保障金融科技的健康发展。

金融科技监控的技术落脚点在数据基础管理平台的建设、大数据补充监管信息缺失、利用分类或预测模型提升对风险的预警和感知能力上。数据权益归属问题是金融科技发展中面临的新型挑战，因此要建设数据基础管理平台，保护好各交易主体的利益，充分、公平、合理地利用数据价值，避免大型科技公司的数据垄断，促进公平竞争。在金融科技不断发展的背景下，金融监管的方式和理念也应该革新。需秉承"适应性、功能性、包容性、实验性、协调性"的监管理念，以实现监管机构之间的信息共享和交流沟通，构建监管机构与被监管机构及其利

益相关方之间的平等对话、沟通交流机制。

2. 创新监管科技手段，有效防控金融科技风险

传统金融监管模式已不能适应金融科技背景下传统金融风险新的表现形式及新型技术风险。一是信贷风险、流动性风险、操作风险等传统金融风险虽然本质上并未改变，但在金融科技背景下有了新的表现形式和延伸，更加难以准确识别和防范；二是区块链、物联网等底层信息技术因为认知或研发不到位，或应用场景不配套等产生技术漏洞。一方面，这些技术漏洞会导致数据侵权、隐私泄露等风险；另一方面，技术本身的特性会加大风险的传递，引致系统性风险。

金融科技推动了金融创新，而金融创新必须要"容忍"一定程度的风险。如何在不引致系统性风险的情况下推动金融创新，完善金融风险的监测、评估、预警和处置机制是关键。"监管沙盒"，提供了一个可由监管机构相机抉择监管松紧度的"安全空间"，给市场一定的时限，提升了审核标准上的容错能力，体现了监管理念上的主动性。要提升金融科技的风险防控能力，避免金融创新抑制，我们需要将"监管沙盒"本土化，完善具体化项目准入和退出机制，消费者保护机制、统筹协调机制，优化"监管沙盒"内各主体功能，提升金融科技监管能力。

（三）支付是金融数字化转型的重要扶手

便捷、安全的支付清算体系是现代化金融体系的重要组成部分，是金融数字化转型的重要扶手，金融数字化是推动经济高质量发展的基础支撑。资产数字化、数字产业化、数字科技等模式和业态将在金融科技深度融合的过程中扮演越来越重要的角色，由此带来的便捷支付清算体系将成为实现智慧金融的重要途径。

移动支付大大减少了纸币的市场流通量，为货币的数字化打下了基础。随着互联网技术的发展，以互联网技术为支撑的第三方支付平台在国家宏观监控下应运而生，支付宝支付、微信支付等更是改变了传统的支付方式。区块链作为新型金融基础设施的核心技术，加快了交易以及信息传递的速度，不仅银行之间可以直接进行交易支付，银行还可以通过区块链直接向客户发出支付命令，客户无

须等待银行的交易进展信息，可以直接在区块链上查询到。中国人民银行可以随时进入链上系统实施监管，也可以通过程序设置信息推送，使信息能够被及时传递，从而避免信息传递滞后带来不必要的损失和风险。

金融科技支撑下的金融基础设施可以降低交易成本。传统的支付清算体系手续比较烦琐，需要经过层层审核才能对接交易。在此期间，每个环节都需要支付一定的审理费或手续费，这样计算下来，与中国人民银行对接业务的银行所需花费会较多。而新型金融基础设施在区块链系统进行支付清算，每个需要支付业务的主体作为一个独立的节点，都能够直接进行交易，无须通过中国人民银行来实现间接交易，减少了很多不必要的开支；中国人民银行也无须作为最终清算机构来管理各个银行的业务，减少了中国人民银行清算管理费用。

随着金融科技的深度融合，可以利用区块链、物联网等技术逐步建立起新一代支付生态体系。通过物联网与大数据等科技手段了解客户的需求，根据支付需求提供适宜的支付方式，如刷脸、条码、指纹等，采取合适的交易验证手段，如密码、标记、手势、验证码、指纹等。一些边远地区、中老年人、长尾居民客户因为文化程度、基础设施等而不能使用现代化的金融科技手段，如何让这些群体也能快速、安全地支付是重点。因此，不需要懂科技的"傻瓜"式智能化支付手段是实现普惠金融的关键，需要研发"看懂图像、听懂语言、读懂文字"的智慧金融产品，服务线上金融服务盲区。已经进入试点的中国央行数字货币（DCEP），基于区块链技术的加密电子货币体系，可以实现这种"傻瓜"式的智能化支付。与微信、支付宝等第三方支付平台需要线上支付、人脸识别、身份验证不同，央行数字货币不需要信号，不需要在线，甚至不需要开立银行账户或支付账户，只要手机上装有数字货币钱包，就可以使用央行数字货币进行支付，非常便捷。央行数字货币是传统货币的数字化形式，也就是人民币的数字化，与纸币可以等价交换，等同于基础货币，不会增加货币的流通量，因此也不用担心货币超发引起的通货膨胀问题。数字货币的重要性日益显现，央行数字货币电子支付将大幅推进人民币数字化进程，并有可能挑战美元地位，进而对全球支付和货币体系产生影响。

第二节　科技与金融结合的技术支撑

一、大数据技术

大数据技术的产生，实现了存储与处理大规模数据的质的飞跃，大数据技术是推动整个金融科技发展的基础技术。

（一）大数据技术概述

大数据技术是以数据为本质的新一代革命性的信息技术，在数据挖潜过程中，能够带动理念、模式、技术及应用实践的创新。

1．大数据技术的特点

大数据技术的特点不仅体现在其表面上的数据量级和速度上，更深刻地贯穿于数据的本质属性和应用潜力之中。

（1）数据规模超大

这一特点不仅指数据量的绝对增长，更在于数据量的相对增长速度远超以往。随着物联网、社交媒体、移动设备等新兴技术的普及，数据生成的速度和数量呈指数级增长。这种超大的数据规模，为数据分析提供了前所未有的广度和深度，但同时也对数据存储、处理和分析的能力提出了极高的要求。为了应对这一挑战，生成了各种高效的数据存储技术和分布式计算框架，如Hadoop、Spark等，它们能够支持PB级甚至EB级数据的存储和处理。

（2）数据流转快

大数据流转速度之快，得益于云计算、边缘计算和实时分析技术的飞速发展。这些技术使数据能够在全球范围内迅速传输、实时处理，并立即反馈结果。例如，在电子商务领域，商家可以利用实时数据分析技术，监控库存变化、预测销售趋势，及时调整营销策略。在金融领域，高频交易系统通过实时分析市场动态，实现毫秒级的交易决策。这种快速的数据流转能力，极大地提升了企业的运营效率和市场竞争力。

（3）数据种类多

大数据的多样性体现在数据来源、格式和类型的丰富性上。除了传统的结构化数据（如数据库中的表格数据），还包括大量的半结构化数据（如XML、JSON等格式的数据）和非结构化数据（如文本、图像、视频、音频等）。这种多样化的数据形式，为数据分析提供了更多的可能和更广阔的视野。综合运用文本挖掘、图像处理、语音识别等技术，可以从这些复杂的数据中提取出有价值的信息和知识。

（4）价值密度低

大数据的价值密度低，意味着在庞大的数据集中，真正有价值的信息可能只占很小的比例。这要求我们在处理大数据时，必须具备强大的数据筛选和挖掘能力，以便从海量数据中提取出有用的信息。同时，也需要我们转变思维方式，从传统的因果关系分析转向相关性分析，通过发现数据之间的关联和趋势，来预测未来的变化和发展。此外，随着人工智能和机器学习技术的不断进步，我们有望开发出更加智能化的数据分析和挖掘工具，进一步提高大数据的价值密度和利用效率。

2. 大数据技术的构成

大数据技术是一系列相关技术的集合，从数据采集开始，到数据预处理技术、数据存储技术、数据分析挖掘技术，数据可视化是大数据应用的最终结果呈现。

（1）数据采集

数据采集是大数据技术的首要环节，其重要性不言而喻。它如同大数据世界的门户，负责捕捉和收集从各种源头涌来的数据。这些数据源广泛而多样，可能来自互联网上的海量信息、物联网设备的实时感知数据，也可能来自企业内部系统的交易记录，甚至是社交媒体上的用户行为数据等。

（2）数据预处理技术

经过采集的数据往往包含着各种噪声和冗余信息，无法直接用于分析。因此，数据预处理技术应运而生，其目标是对原始数据进行清洗、转换和整合，使其满足后续分析的需求。

（3）数据存储技术

随着数据量的爆炸式增长，如何高效地存储这些数据成为一个巨大的挑战。数据存储技术不仅要求能够容纳海量的数据，还要求能够快速访问和检索这些数据。

（4）数据分析挖掘技术

数据分析挖掘技术是大数据技术的核心所在。它运用一系列算法和模型对预处理后的数据进行深入分析和挖掘，以发现数据背后的规律和模式。

（5）数据可视化

数据可视化是将分析结果以图形、图表等形式展现出来的过程。它使复杂的数据变得直观易懂，有助于人们快速理解数据的含义和价值。

（二）大数据技术和产业发展

目前，随着技术逐渐成熟，大数据应用中的各种数据库、大数据平台发展速度加快，能够提供的资源更加多样，应用场景也更加广泛，其价值和优势逐步被更多的机构所认可。

1．政策支持大数据技术和产业快速发展

大数据是信息化发展到一定阶段的产物。随着信息技术和人类生产生活深度融合，互联网快速普及，全球数据呈现爆发增长、海量集聚的特点，对经济发展、社会进步、国家治理、人民生活都产生了重大影响。全球大数据呈爆发式增长态势，各国政府都非常关注，并快速推出相关的政策来支持大数据的基础建设。

2．大数据技术成果

在应用规模方面，我国已经完成大数据领域的最大集群公开能力测试，达到了万台节点。基于非结构化数据架构的大数据平台应用最为广泛。大部分企业会选择非结构化的批处理架构（如Hadoop）或者非结构化数据的内存架构（如Spark）。

3．大数据产业发展

大数据产业在技术支撑基础上，涉及大数据运行和应用的各个方面。全球整

个市场规模快速增长，我国大数据产业在典型企业的带动下平稳增长，呈现出区域性的发展特点。

（1）市场规模

中国大数据产业市场的特点：一是顶层设计不断加强，政策机制日益健全。二是关键的技术领域不断取得突破，创新能力显著增强。大数据的软硬件自主研发的实力快速提升，一大批大数据的技术和平台处理能力也开始跻身世界的前列。三是行业应用逐渐深入，对经济发展的带动作用凸显。包括在电信、互联网、交通、金融、工业、农业、医疗等行业的应用不断深化，大大改善了人们的生产生活方式。中科点击作为行业大数据应用专家，凭借多年大数据应用实战经验，形成了一套标准化的产品开发模式，已经为汽车、金融、教育、电商、医美等众多行业提供了定制化的大数据服务。四是区域布局持续优化，产业规模不断壮大。全国推进建设了八个国家大数据综合试验区，开展大数据方面的实践探索，形成了一批集聚发展区。五是产业发展环境日益完善。大数据的基础设施法律法规标准体系安全保障能力，包括产业生态人才队伍都在不断地加强。

总体来说，我国大数据产业正在步入快速发展时期，为提升政府治理能力、优化公共民生服务促进经济转型和创新发展做出了积极贡献，成为推动经济社会发展的新动能。全球大数据市场规模年增长率逐年提升，其中大数据软件市场规模处于高速增长阶段，大数据服务和硬件市场规模呈现平缓增长趋势。

（2）产业分布

我国大数据产业主要集中在经济发达地区，具有明显的地区特征。

其中，京津冀地区主要是在北京中关村的技术优势条件下，在北京市相关政策支持下，逐渐产生了大量的企业，推出了我国第一个大数据交易平台，成立了"中关村大数据产业联盟"，加强了数据网络的维护。贵州主要依靠三大运营商数据中心，建立了我国第一个省级政府使用的平台——"云上贵州"。上海以发展智慧城市为中心，将大数据与其他技术应用在一起，实现大数据的应用发展。其他综合实验区和示范基地也充分利用当地的资源与优势，共同促进了我国大数据产业的发展。

（3）大数据产业发展策略

一是加强技术创新，抢抓产业发展自主权。提升我国大数据技术水平，应着重从几个方面突破：全面梳理技术发展现状，厘清我国技术优势与劣势，做到"固根基、扬优势、补短板、强弱项"；改革技术研发项目立项和组织实施方式，强化需求导向，培育发展大数据领域技术转移机构和技术经理人，提高技术转移专业服务能力；加快人才培养和引进，鼓励高校优化大数据学科专业设置，培养高素质技术技能人才，吸引大数据人才回国就业创业。二是优化产品服务，提高关键领域竞争力。提升我国大数据产品和服务水平，应着重从几个方面突破：推动资源配置市场化，进一步激发市场活力；加强资金支持，加大对大数据基础软硬件的研发投入；创新大数据服务模式和业态，发展智能服务、运营一体化等新型服务模式，围绕诊断咨询、架构设计、系统集成、运行维护等综合服务需求，培育优质大数据服务供应商。三是完善基础设施，坚固行业赋能奠基石。提升我国大数据基础设施能级，应着重从几个方面突破：聚焦数据采集传输，高水平建设5G和千兆光网，推进工业互联网、智能管网、车联网等物联网规划布局，夯实提升通信网络基础设施；顺应一体化态势，加强统筹协调，优化数据中心布局；梳理区域层面算力需求，统筹高性能算力和人工智能算力的协同建设与调度，统筹算力基础设施建设；把握数据流通与数据行业应用，打造共性能力平台，科学布局数据流通及应用基础设施。四是保障数据安全，筑牢数字经济防火墙。提升我国数据安全防护能力，应着重从几个方面突破：强化大数据安全顶层设计，构建完善的法规政策及标准体系，为数据安全建设提供保障；加强数据安全技术及产品研发应用，提升数据安全产品供给能力，推动数据安全产业发展；推进数据跨境安全管理、数据安全监测平台等重点领域建设，提升风险监控及溯源分析能力，强化数据安全管控体系构建。

（三）大数据与金融结合的应用

我国大数据的应用涉及领域非常广泛，并实现了相关产业的深入发展。金融行业信息化程度高，大数据技术在金融行业领域的应用已逐渐细化和深入，如在客户分类选择、营销方式、风险管理等方面具有很大的作用，为金融机构科学决策、差别定价、业绩提升、提高整体竞争力提供了有力支撑。

1. 基本架构

大数据技术通过大量的、有效的、多样的数据，进行深度的清洗、整合、分析挖掘，可以得到数据内在的关联及所映射的风险信息。其与金融的结合也是在大数据基础平台上，通过大数据的核心技术，为金融领域提供成熟的大数据应用服务。

2. 应用基本情况和主要场景

大数据和金融的结合一方面表现在大数据企业直接进入金融领域的应用；另一方面表现在金融机构充分利用大数据技术来发展自身的业务。

大数据企业以BAT为代表，已经在银行、保险等金融业务领域进行了广泛的融合。

金融科技更关注的是现代金融机构通过应用大数据这一基础技术对自身的相关业务更深入、更准确地进行处理，提高效率和效益，降低风险。

（1）客户管理

金融机构主要通过采集非结构化行为等大数据来准确了解客户，减少不必要的程序，实现精准营销、打造良好客户使用体验，提高交易成功的概率，发现潜在客户，扩大客户群体。

通过大数据技术应用，兴业证券的客户数量大大增加；中国银行设计的"中银开放平台"通过开发API接口，实现了大数据的应用；中信银行在信用卡业务上大大缩减营销活动时间，并使交易量大增；招商银行通过大数据建立客户流失预警机制，大大降低了客户流失率。

（2）大数据征信

为弥补传统征信的不足，运用大数据技术是必然的选择。大数据征信就是将海量数据信息经过大数据技术的处理，用于证明一个人或企业的信用状况。大数据可以通过分析信息主体的互联网行为、社交行为、传感器监测记录等各种类型的数据，发现信息主体行为与信用之间的相关性，提供更为全面、真实有效的信息。大数据征信的成本相对于传统征信更低，可以应用于经济金融活动的各个方面。

（3）信贷风险管理

大数据风控在金融领域运用较成熟的场景可以说是信贷管理。大数据应用于信贷管理整个过程中，从获客、审核、授信到贷后，大数据能够在整个金融机构风险控制过程中提高准确性、预警性和效率。在贷款中和贷款后的管理中，大数据的运用可以大大降低成本，高效地追踪和监测每一笔贷款。

关系人图谱是现代反欺诈应用场景中最重要的手段。银行根据客户关系网络，利用大数据技术可以构建客户关系图谱，分析挖掘客户各类信息之间的关联性，实现客户信息从局部到全网、从静态数据到动态智能的跨越，发现潜在的风险并预判风险传导路径、概率、影响客群等各方面。

（4）反洗钱

随着互联网和移动支付等技术的发展，反洗钱的难度也越来越大。有效利用大数据技术，从各种信息中进行关联分析，对反洗钱等金融犯罪行为也具有积极的作用。

二、人工智能

（一）人工智能概述

人工智能（AI）是利用数字计算机或者数字计算机控制的机器模拟、延伸和扩展人的智能，感知环境、获取知识并使用知识获得最佳结果的理论、方法、技术及应用系统。

1．人工智能的特点

（1）涉及领域广泛，研究范畴复杂

人工智能不仅仅是在计算机科学领域，而是广泛涉及心理学、伦理学等多个学科，这种跨学科的融合使人工智能的研究范畴异常复杂且丰富。智能控制、深度学习、人工生命以及复杂系统等，都是人工智能研究的重要方向，它们相互交织，共同推动着人工智能技术的不断进步。智能控制让机器能够像人一样进行决策和执行，深度学习则让机器能够像人一样学习和理解世界，而人工生命和复杂系统则进一步探索了生命和系统的复杂性及自适应性。

（2）为人类服务，与人互补

在这个快节奏的时代，人类面临着越来越多的固定化、烦琐或难以完成的任务，而人工智能的出现正是为了减轻人类的负担、提高工作效率。无论是智能家居、智能医疗还是智能制造等领域，人工智能都在发挥着越来越重要的作用，为人类提供着更加便捷、高效的服务。同时，人工智能的发展也促进了人类社会的进步和变革，推动了产业结构的升级和转型。

（3）思维融合，具有超强学习能力

人工智能能够模拟人的各种思维方式，包括逻辑推理、模式识别、联想记忆等，并与人的思维融合发展，形成更加智能化的思维方式。这种智能化的思维方式使人工智能在处理复杂问题时更加得心应手。同时，人工智能还具备超强的学习能力，能够在不断的学习和优化中适应各种不确定因素下产生的随机事件，从而更加精准地完成任务。这种学习能力的不断提升也是人工智能能够不断进步和发展的重要原因。

综上所述，人工智能的特点体现在其跨学科的广泛性、为人类服务的使命、思维融合的智能化以及超强的学习能力等方面。这些特点共同构成了人工智能的独特魅力和广阔前景，使人工智能在各个领域都有着广泛的应用和发展空间。

2. 人工智能技术的构成

人工智能技术在基础硬件技术上，还包括语音类技术、尝试学习等算法、语言类处理技术和视觉技术等。这些技术相互作用，共同构成人工智能技术。

（1）基础硬件技术

基础硬件技术是人工智能发展的基石，它决定了人工智能系统能够处理的数据量、计算速度以及能效比等关键性能指标。随着半导体技术的不断进步，特别是芯片技术的飞速发展，人工智能所需的计算资源得到了极大的丰富与提升。

（2）语音类技术

语音类技术是人工智能在人机交互领域的重要应用之一。通过语音识别、语音合成以及语音理解等技术的综合运用，人工智能系统能够与用户进行自然、流畅的对话。

（3）机器学习算法

机器学习算法是人工智能实现智能化的核心驱动力。通过让计算机从数据中学习并自动改进算法模型，机器学习使人工智能系统能够具备自我优化与适应复杂环境的能力。

（4）自然语言处理（NLP）技术

自然语言处理技术是实现人与计算机之间以自然语言有效沟通的关键。它涵盖了文本分类、信息抽取、情感分析以及机器翻译等多个方面。

（5）计算机视觉技术

计算机视觉技术是人工智能在图像和视频处理领域的重要应用。通过模拟人类的视觉系统，计算机视觉技术能够实现对图像和视频中物体的识别、跟踪、测量以及场景理解等功能。

（二）人工智能技术与金融结合的应用

我国人工智能发展迅猛，人工智能技术已经广泛应用于工业、农业、商业、医学、教育等多个领域，在提高效率和人民生活质量等方面发挥了重要作用。其在金融领域的应用更加广泛，可以用于服务客户、网络金融安全、授信过程、风险防控和监督、投资理财等方面，增强金融服务的个性化和效率化，为我国金融行业健康快速发展提供了技术保障。

1. 智能投顾

智能投顾是利用人工智能技术，主要在线上为投资人提供一个对话场景，满足客户各种投资、理财或其他需求，提高效率，实现合理化的配置。智能投顾的优点主要表现为最优的组合策略、差异化分析、效率高、服务范围广等。

目前，市场上的智能投顾主要是与传统投资顾问相互补充，为用户提供建议或者自动配置产品。智能投顾将是一个巨大的潜在市场。

2. 智能客服

智能客服运用的人工智能技术通过不断完善和改进变得更加成熟，可以为更多的客户服务，满足个性化的要求，提高服务质量。发展智能客服能够使金融机构减少人力的使用，并提供每天24小时的服务。

3. 智能监管

运用人工智能技术和大数据服务金融监管反欺诈，实现金融风险的防范。其运用大数据、人工智能技术对客户的行为数据、非结构化数据进行整合分析，使风险防控能力更强更智能，同时也提升了客户体验，有了事中反欺诈技术的支持，在提高风险防控能力的同时减少了客户认证的方式。

腾讯云的保险反欺诈服务通过AI风险控制模型，准确定位在申保、核保、理赔等业务环节所遇到的恶意隐瞒、过度投保等各种各样的恶意行为

4. 自动生成报告

投资银行与证券研究工作在日常业务中会有大量的具有固定模式的报告需要撰写。人工智能技术可将这项烦琐的工作模式化，自动生成报告。

自动生成报告主要利用了人工智能技术当中的自然语言处理技术，通过巨大异构数据的转换与分析，生成报告的基本内容。

5. 人工智能辅助量化交易

在基金交易中，利用人工智能有关技术建立模型，通过学习预测证券的未来趋势，组成一个最优的投资组合，实现整个交易过程。

三、云计算技术

云计算是分布式计算的一种，它是大数据技术及人工智能技术的有力支撑。随着大数据及人工智能的战略性发展，云计算技术也必然成为不可或缺的重要技术而被世界各国重视。

（一）云计算技术概述

云计算技术最早由谷歌提出。它提供的是一种服务模式，由专业人员进行管理，使用者只需要用少量的成本就能快速、便利地应用大量的资源，满足各种不同的需求。

1. 云计算技术的特点

（1）规模大

云计算的"规模超级大"这一特点，不仅体现在服务器数量的物理增长上，更在于其所能承载的数据量和处理能力的飞跃。随着全球数据量的爆炸性增长，云计算服务商不断升级其基础设施，构建出能够容纳海量数据的"云"环境。这种规模优势使云计算能够支持大规模并发访问，满足从个人用户到大型企业级应

用的多样化需求。同时，通过专业团队的维护和管理，云计算平台能够确保服务的稳定性和可靠性，为用户提供持续、高效的服务体验。

（2）虚拟化

云计算的虚拟化技术打破了传统物理设备的限制，将计算资源、存储资源和网络资源封装成了一个独立的虚拟环境，用户可以在这个环境中自由部署、配置和管理自己的应用和服务。这种技术不仅提高了资源的利用率，还降低了用户的运维成本。应用虚拟和资源虚拟两种形式相辅相成，共同构成了云计算的虚拟化体系。应用虚拟允许用户在同一台物理机上运行多个操作系统和应用程序，而资源虚拟则通过虚拟化技术将物理资源抽象成逻辑资源，供多个用户共享使用。

（3）弹性伸缩

在云计算环境中，用户可以根据业务需求的变化动态调整资源的使用量。当业务需求增加时，云计算平台能够迅速扩展资源以满足需求；当业务需求减少时，平台则能够自动释放多余资源以降低成本。这种按需分配资源的方式极大地提高了资源的灵活性和利用率。同时，云计算的快速部署能力也使用户能够更快地响应市场变化，推出新产品或服务。

（4）成本低

对于用户而言，云计算的成本优势是显而易见的。通过将资源放在虚拟资源池中进行统一管理，云计算服务商能够优化物理资源的配置和使用效率，降低运营成本。用户无须再为购置和维护昂贵的硬件设备而烦恼，只需按需购买云计算服务即可获得所需的计算能力和存储空间。此外，云计算的按需付费模式也使用户能够更精确地控制成本支出，避免不必要的浪费。

（5）风险性

然而，云计算技术在带来便利和效率的同时，也伴随着一定的风险。网络环境的复杂性和开放性使云计算中的数据面临着被窃取、滥用或篡改的风险。不法分子可能利用云计算的漏洞进行攻击或传播恶意软件，对用户的隐私和财产造成威胁。此外，云计算中的数据集中存储也增加了数据泄露的风险。因此，云计算服务商需要不断加强安全防护措施，提高数据的安全性和隐私保护水平。同时，用户也需要提高安全意识，采取必要的安全措施来保护自己的数据和隐私。

2．云计算技术的构成

（1）云计算的服务类型

云计算服务主要分为公有云和私有云。公有云服务又可以分为三个层次：基础设施即服务（IaaS）、平台即服务（PaaS）和软件即服务（SaaS）。

①基础设施即服务：通过互联网为客户提供云端的硬件资源。

②平台即服务：通过互联网为客户提供软件开发的平台，客户可以在这个云平台中开发和部署新的应用程序。

③软件即服务：通过互联网为客户直接提供软件的服务。

（2）云计算技术的关键技术构成

云计算是网格计算、分布式计算、并行计算、效用计算、网络存储、虚拟化、负载均衡等传统计算机技术和网络技术发展融合的产物。云计算将计算从用户终端集中到云端，是基于互联网的计算模式。按照云计算的运营模式，用户只需关心应用的功能，而不必关注应用的实现方式，即各取所需，按需定制自己的应用。最简单的云计算技术在网络服务中已经随处可见，例如搜索引擎、网络信箱等，使用者只要输入简单指令即能得到大量信息。云计算不仅仅用于资料搜寻和分析，未来还可用于分析DNA结构、基因图谱定序等。云计算的模式具有规模经济性，所有应用通过互联网提供给多个外部用户，多个用户共享同一个应用，进而实现计算在用户间的共享，提高处理器和存储设备的利用率。

云计算的关键技术包括虚拟化技术、多租户技术、资源调度、编程模型技术、存储技术、数据管理技术等。

（二）人工智能与金融结合的应用

金融科技企业大多以云计算技术为依托，主要结合大数据技术和人工智能技术，为金融机构提供主要业务的技术支持，从而改变金融行业的服务模式，实现高效、低成本的目标。金融与云计算技术的结合，为客户提供了更加便捷的服务，只需要在终端上简单操作，就可以完成银行存款、理财等金融活动。

1．金融云

以阿里云为例，金融云是专门针对银行、保险等金融机构提供服务的行业，即通过独自的网络集群给相关金融机构提供符合金融监管要求的云产品和服务。阿里金融云服务以云计算为支撑，在杭州、上海、深圳都有金融云数据中心帮助金融机构的IT系统整合入云，实现快速交付，降低业务启动门槛。阿里金融云具有低成本、高弹性、高可用、安全合规等特点。

2. 提升银行业基础架构的弹性

云计算技术的推出、各个层次云平台的搭建，可以为银行业各项业务的创新发展提供便利、加快信息的共享速度。利用专业的云计算平台不仅可以大幅提高运行效率和质量，还可以充分体现云计算的特点，提升基础架构的弹性。银行业成功应用云计算推动业务和运营模式创新的例子有很多，如银行信用卡业务和征信系统，还有银行信贷业务，可以提高信贷数据处理能力、优化信贷业务操作。

3. 助推保险业业务发展效率化

国内已有诸多保险企业将云计算应用于信息系统创新建设中。

传统保险企业积极和新兴互联网科技公司合作，利用云计算开展全面的保险业务。腾讯公司与阳光保险合作，利用金融云平台为各种保险业务提供全面的、高效的、稳定的服务，实现保险业务的创新和发展。

保险业对于云计算在安全性方面以及标准规范方面具有迫切的需求。经过多家机构及专家的探讨，中国保险行业协会联合中国通信标准化协会发布了关于保险行业云计算的五项标准。这些标准的规范，对于促进保险科技的发展具有重要意义。

4. 助推证券业创新发展安全化

证券业利用云计算技术，可以降低资源浪费，随时扩充交易平台，满足证券交易增长的需要；可以防止病毒入侵，减少系统运行风险，提高交易和数据传输的安全性，提高业务效率；可以给客户提供账户管理服务，大大缩短开户时间，实现统一客户身份认证，获得更高的客户满意度；可以降低证券公司的运营成本，为网上证券业务的创新发展提供可能。

申银万国证券公司建立的企业云计算中心，将云计算作为公司IT发展策略，改变了公司的盈利模式。招商证券将Azure作为唯一云服务供应商，构建企业云混合平台，促进业务创新，不断改进和推出新的功能模块及增值服务产品，创造更好的客户体验与价值。

四、区块链技术

区块链技术是比特币的核心技术。随着比特币的发展，人们开始关注比特币的底层技术——区块链技术，并对其进行深入研究，发现区块链技术的安全稳定性和不可伪造性可以应用于更多的领域。

（一）区块链技术概述

区块链是分布式数据存储、点对点传输、共识机制、加密算法等计算机技术在互联网时代的创新应用。

1. 区块链技术的特点

（1）去中心化

区块链技术的去中心化特征源自其独特的点对点网络和分布式数据存储方式。在这样的架构下，区块链系统不再依赖于任何中心化的第三方机构来维护和管理数据，而是由网络中的每一个节点共同参与、共同维护。这种去中心化的设计，不仅降低了系统的运营成本、提高了系统的鲁棒性和抗攻击能力，还赋予了区块链技术更高的自主性和灵活性。它使区块链系统在没有中心化控制的情况下，依然能够高效、稳定地运行，为各种应用场景提供了强大的技术支撑。

（2）公开透明

区块链系统采用开源的设计，使任何人都可以查看和验证区块链上的数据。这种公开透明的特性，不仅增强了区块链系统的可信度，还为数据的共享和交换提供了便利。同时，区块链技术还提供了公开的接口，用户可以方便地获取和使用区块链上的资源，进一步推动了区块链技术的普及和应用。

（3）不可伪造

区块链采用了一系列先进的加密技术和数据结构，确保了数据的完整性和不可篡改性。每笔交易都被记录在区块链上，并按照时间顺序进行链接，形成了一条不可篡改的交易链。这种设计使区块链上的数据具有了极高的可信度，为各种需要高度信任的应用场景提供了可靠的技术保障。

（4）安全稳定

区块链的共识机制和加密算法等先进技术，为区块链系统的安全稳定提供了坚实的保障。这些技术不仅能够有效防止数据被篡改和攻击，还能够确保系统在各种复杂环境下的稳定运行。此外，随着参与区块链系统节点数量的增加，系统的安全性和稳定性也会得到进一步提升。这种安全稳定的特性，使区块链技术能够在各种需要高度安全性的应用场景中发挥重要作用。

2．区块链技术的构成

（1）核心技术

首先，我们可以看一下区块链技术的官网解释。狭义来讲，区块链是一种按照时间顺序将数据区块以顺序相连的方式组合成的一种链式数据结构，并以密码学方式保证的不可篡改和不可伪造的分布式账本。

广义来讲，区块链技术是利用块链式数据结构来验证与存储数据、利用分布式节点共识算法来生成和更新数据、利用密码学的方式保证数据传输和访问的安全、利用由自动化脚本代码组成的智能合约来编程和操作数据的一种全新的分布式基础架构与计算范式。

可能大家都知道，区块链技术是从比特币系统当中独立出来的底层构架，从架构模型上来说，它就是一套分布式的账本，所谓账本，自然就是用来记账的。

在区块链技术当中，要想生成记账记录，就要有资金的交易和流动，所以在最开始的区块链技术上，都有其主网所对应的加密货币作为流通物品，加密货币在区块链主网的各个账户之间的流通交易记录都会被记录在主网上。

与其他的交易记录数据库不同的是，区块链技术主网上的交易记录会被记录在主网中所有的区块节点（所有的数据区块）上，这就是所谓的去中心化原理，也就是说在区块链技术上，是没有一个中心数据库来保存所有记录的，链上每一个区块都拥有全链的交易数据，每一个数据块，都是中心。

而区块链技术的另一个特性，就是不可篡改，因为在区块链上的每一笔交易都会被记录在链上所有的区块中，所以任何一个单独数据块都无法更改记录，即便你更改了，其他的数据块中也会记录真实数据，并且每一组数据都可以追溯到最先出现的时候。

正因为区块链技术的这些特性，比特币问世后，区块链也受到了关注，很多人想要利用区块链的技术做一个无中心、可溯源、不更改的数据，以保证数据的可信度。

但是区块链技术也面临很多问题，比如应用场景单一、原生错误数据不可修改、黑客盗走货币不可追回等。

（2）分类

根据区块链的开放程度，可以分为公有区块链、联盟区块链、私有区块链。公有链是应用最广泛的区块链，无中心化服务器，所有参与节点不需要身份认证，任何人都可以参与其共识过程。联盟链的参与者是入盟协议特定人群或机构，共同管理，一起进行系统维护。私有链则是在某一具体的应用场景下，只有特定的节点才被允许使用的区块链。

根据区块链的发展阶段，分为区块链1.0、区块链2.0、区块链3.0三种类型。

（二）区块链技术与金融结合的应用

区块链技术已经被作为一种底层技术，在与金融业结合的过程中，改变金融行业的底层技术架构、提升金融业的核心服务能力。区块链技术与金融的结合充分体现出区块链技术本身的主要优点：可编程智能合约、安全性高，从而在大大减少费用的同时，快速完成交易支付。

区块链技术与金融业务实现场景搭建，在国际汇兑、保险、信用证和证券等方面都存在着巨大的应用价值。

1. 票据市场

票据是一种依赖"可信第三方"的有价凭证。当前电子票据的应用虽然提高了票据的安全性和效率，但是票据市场参与机构众多、情况仍然复杂、信用风险高。区块链技术本身的优势特点可以有效解决票据市场的许多问题，实现智能监管和风险控制。

2．支付结算

目前支付清算主要依赖于银行体系，每笔交易都需经过银行代理，过程复杂，特别是跨境支付成本高、效率低、风险大。区块链有效解决了这些问题，提高了支付速度，而且降低了成本，安全性更高。

3．保险业务

在保险业务中，区块链借助其分布式账本技术、去中心化和全网公开等特点，可以对投保个体进行分类营销，解决信息不对称问题、精简保险的销售理赔流程、降低核实管理成本、提高赔付效率。区块链保险不需要借助任何保险中介机构，保险资金的归集和分配也变得公开透明。

4．信托业务

金融机构可以利用区块链技术从根本上解决供应链金融信托真实性的问题。针对信托产品风险防范的问题，可以采用区块链技术对信托计划在尽职调查和投后管理等环节的工作内容进行存证。针对信托业务中的担保问题，区块链技术可以实现动产担保资产的实时监控和确定保证，从而解决动产抵押信贷产品在实际中造假等问题。

5．证券业务

区块链技术在证券发行、股权交易、交易所清算系统等方面产生了深远影响。区块链的分布式账本可以实现股票、债券与其他金融资产的登记、质押等业务的开展；上市机构及投资者可以在安全、高效的平台上自主完成交易。这些不仅大幅减少了交易成本，而且极大地提高了交易时效性，同时还减少了人工操作风险。

五、物联网技术

物联网技术是互联技术的一部分，是信息产业发展的一个新的高点，也是金融科技的关键技术。互联技术的另一部分——移动通信技术从1G、2G、3G、4G到5G，不断地升级和优化，移动终端的硬件和软件功能也在不断优化升级，智能手机功能不断强大，带动着整个互联技术的发展。

（一）物联网技术概述

物联网是通信网和互联网的拓展应用和网络延伸，它利用感知技术与智能装置对物理世界进行感知识别，通过网络运输互联，进行计算、处理和知识挖掘，实现人与物、物与信息之间的交互和无缝对接，达到对物理世界实时控制、精确管理和科学决策的目的。

1．物联网技术的特点

（1）整体感知

在整体感知方面，物联网技术不是简单的收集数据，而是通过多样化的感知设备，如红外感应器、RFID标签、激光扫描仪、全球定位系统等，实现对物体全方位、多角度的感知。这种感知不仅包括物体的物理属性，还包括其位置、状态、环境等动态信息，为后续的数据处理和决策提供了丰富且全面的数据源。

（2）信息交互

在信息交互层面，物联网技术构建了一个复杂而精密的信息网络。在这个网络中，物体不仅仅是被感知的对象，更是信息的载体和传递者。通过标准化的通信协议和互联网技术，物体能够实时、准确地传递信息，实现物与物、物与人之间的无缝连接。这种信息交互不仅提高了信息传递的效率和准确性，还促进了不同领域、不同系统之间的信息共享和协同工作。

（3）智能处理

智能处理是物联网技术的核心特征。通过运用大数据、云计算、人工智能等先进技术，物联网系统能够对感知设备收集到的海量数据进行深度挖掘和分析，发现数据背后的规律和趋势。同时，系统还能根据分析结果自动调整控制策略、优化资源配置、提高运行效率。这种智能处理能力使物联网技术能够广泛应用于智能制造、智慧城市、智能家居等领域，为人们的生活和工作带来前所未有的便利和效益。

2．物联网技术的构成

物联网技术并不是创新的技术，而是对已有技术的综合性应用，并在改进的同时实现了全新的模式转变。

从关键技术来看，物联网主要有以下四种技术：

第一，RFID技术，也称为电子标签技术，是无线射频技术和嵌入式技术的结合。RFID通过射频信号自动识别目标对象，可以同时读取多个标签，可以在各种情况下使用。

第二，传感网络技术，主要是感知事物的传感器技术。另外，在传输网络的层面上包含有线传感网络技术、无线传感网络技术和移动通信技术。网络传输的速度和质量决定了设备连接的速度和稳定性。

第三，智能技术，是指思考事物的智能技术，让连接起来的物体具有学习能力，最终实现物体的智能化。

第四，纳米技术，是用于微缩事物的技术，使物联网中进行交互和连接的物体体积越来越小，从而更好地发挥嵌入式智能的作用。

从网络来看，物联网技术主要有三种：

第一，蜂窝通信技术，就是指3G、4G或5G技术。

第二，LPWA技术（低功耗广域通信技术），包括NB-IoT、LTE-M、LoRa、Sigfox。

第三，局域物联网，通常定义为100米以内的互联技术，包括Wi-Fi、Bluetooth、ZigBee。

（二）物联网技术与金融结合的应用

物联网的基本架构可以分为感知层、传输层、管理平台层、应用层。感知层主要用于获取第一手资料，是物联网发展的基础；传输层通过网络进行信息的传递；管理平台层主要包括数据储存中心、信息查询技术、智能处理系统及中间件技术等各平台管理；应用层是物联网技术与各行业应用的结合，体现出智能化应用的实现。

物联网在工业、农业、家居、交通、物流、安保、医疗、教育等领域已有广泛的应用，特别是智能家居使人们的生活水平得到了质的提升。在金融领域，物联网与金融的结合也已经有了一定的探索，主要表现在以下几个方面。

1．存单和支付

将物联网技术引入银行存单，在存单中植入RFID芯片，较好地解决了银行存单的造假问题。借助物联网感知功能，将消费与支付服务信息联系起来，实现主动的、动态的支付服务。

农业银行的RF1D存单，对办理一定数额的单笔储蓄存款客户来说，在没有增加客户成本的情况下，每张存单具有唯一的防伪标识，有效地解决了假存单的问题，维护了客户和银行的资金安全。

2．银行金库管理系统

目前银行内部管理中，物联网比较典型的一个应用就是金库管理系统。金库管理对银行有着非常重要的意义，对现金管理来说不仅是安全问题（是否能够准确、及时入库和出库），还会影响银行服务的质量、效率及成本等方面。

运用物联网技术就是在金库管理系统中引入RFID技术，这是物联网技术的一个核心技术。对金库管理的各个环节都可以进行自动化的数据采集、处理，确保了金库数据的真实性、准确性，提高了管理效率。

3．保险业务

保险公司利用物联网设备可以获得大量实时信息，使用其生成的数据，能够更深入了解客户的真实状况，降低风险。保险公司还可以通过数据，为客户提供针对性的服务，创新保险产品提供方式和保险服务内容。

目前已有的较典型的应用之一是可穿戴设备：对保险客户发放穿戴式设备，通过设备获得被保险人健康状况的数据，为客户提供健康提醒，督促其做出改善，降低用户提出索赔的风险。另一典型应用是车联网的应用：通过物联网技术设备进行汽车与驾驶员的监测和分析，全面收集车辆行驶过程中的产生的信息，依据综合数据资料为其提供相对应的保险产品和定价。

4．银行贷款业务

银行贷款中，动产抵押物的监管一直是银行经营管理中的一个难题，银行需要对抵押物的真实情况进行了解和监控，信息不对称等问题加大了银行信贷的风险。利用物联网智能终端应用，实现对动产的全环节监管，可以很好地防止重复抵押、不真实抵押等问题，降低风险。

在汽车金融中，采用物联网技术，可为汽车配备智能监管信息系统，通过单车定位设备，银行就可以监控汽车的销售或使用情况，从而掌握客户的还款能力。

5．供应链金融

目前，供应链金融是解决中小微企业融资问题的一种很好的方式。在这种融资方式中，存货质押品不稳定、不易变现、无法远距离监控等，还有一些产业供应链所形成的物流、信息流无法质押的问题。在引入物联网技术后，质押品可以不受资产特性影响，保证监管物品的品质及供应链融资的健康发展。

通过物联网技术的智能化、网络化改造，可以全面掌握实体经济的生产经营动态，形成客观信息数据，帮助银行建立起客观的风险评价体系，从而推动供应链金融的发展。

第三节　金融科技对传统金融的影响

一、金融科技对传统银行网点的影响

移动金融对传统银行网点的影响，主要表现为"手机银行+代理商"的无网点银行服务。无网点银行服务一般是指在传统银行网点之外，将代理商或第三方中介机构作为与客户接触的主要渠道，并利用移动终端（如POS终端和手机）来发送交易细节。无网点银行模式可以在一定程度上替代传统物理网点。

实际上，非现金业务客户可以直接通过手机等移动终端来完成，而无网点银行服务为什么还需要代理商配合？这主要是为了满足客户现金存取的需要。下面，我们重点分析几种无网点银行服务的模式是如何实现现金存取的。

（一）无网点银行服务的几种模式

1. "手机银行+移动运营商代理商"的现金存取模式

手机银行用户可使用银行发放的银行卡，或者是由移动运营商提供的手机银行虚拟账户；代理商可安装POS机设备，或者持有具有手机银行功能的手机。如果客户想在代理商处存款，只要刷一下手机，银行就会自动从代理商的账户中扣除等量金额，作为客户的存款资金。客户存入的现金则由代理商保留，以抵消其在银行/移动运营商账户中的扣款。如果客户希望提取现金，则流程相反。代理商先提供现金，银行或者移动运营商则会向代理商账户中补入相等金额。通过手机银行，客户在获得相关金融服务的同时，免去了频繁往返银行的劳顿。这种模式的典型代表是肯尼亚的M-PESA。

2. "手机银行+银行代理商"的现金存取模式

利用手机银行通过银行的代理商来实现现金取款，比如中国银行"手机取款"代理业务，取款人无须开立中国银行账户。具体交易过程如下：汇款人登录中国银行手机银行，点击"手机取款"，输入取款人姓名、手机号码、汇款金额（单笔限额和日累计限额均为2000元）等信息，并发起一笔汇款交易，取款人仅凭汇款编号、取款密码，就可以到中国银行手机取款代理点取款（代理点多为持续经营的超市）。取款时，代理点工作人员登录手机银行或网上银行核实相关交易信息后，银行会给取款人和代理点同时发送短信提示，取款人从代理点领取现金，中国银行则把等额资金转入代理点账户（这一过程和交易确认的过程同时进行）。为确保顺利取款，客户需要先电话联系代理点确认代理点有足够现金。

巴西是银行代理的典型代表。布拉德斯科银行把邮政网点作为其代理商；联邦储蓄银行主要通过彩票投注站来代理政府津贴等业务；巴西银行和柠檬银行与超市、药店、小商店、加油站等代理商签署协议，通过其网点开展各种金融服务。银行向代理商提供POS机、电脑、网络设备、ATM等设备，代理商接受培训后即可开展业务并会获得相应报酬，其中手机银行和POS机发挥了重要作用。这种模式现金存取款的基本原理，与"手机银行+移动运营商代理商"的现金存取模式类似。

3. "手机银行+邮政"的现金存取款模式

这种模式与"手机银行+银行代理商"的现金取款模式的区别主要在于，邮政（代理商）的主要任务是帮助投递取款通知单，客户本身不在邮政存取款。邮政系统的手机银行按址汇款，实质也是通过手机银行取现。通过此功能，客户（需开通邮储银行的手机银行）可以按收款人提供的姓名和地址等信息，以投递取款通知单（邮储银行与邮政合作）的方式完成汇款。这项服务的意义在于，有些偏远地区的农民没有银行卡（金融账户），但按址汇款是适用的。这种模式如果要实现现金存款，则需要在邮储银行网点开立金融账户。

此外，中国邮政储蓄银行、农信社、农商行等推出的助农取款服务，也是通过代理商实现现金取款。

4. "手机银行+ATM"的现金存取模式

"手机银行+ATM"的现金存取模式，在我国主要表现为手机银行无卡取现。这种模式目前在我国城市地区比较普遍，这是因为这种模式需要银行网点（包括自助银行网点）配合。

手机银行无卡取现首先由交通银行推出，此后大部分商业银行也推出了类似业务。持卡人要事先通过手机银行预约ATM取款。预约后，凭预约手机号码、预约号及预约银行卡的取款密码，即可实现无卡取款，而无须向ATM插入银行卡。持卡人不仅可以在本人忘记带卡（或银行卡遗失）时应急取现，还可以为远方急需现金的亲友提供便利的取款服务。更重要的是，这项服务使持卡人免于不法分子在ATM上设置盗卡装置等带来的潜在安全威胁。在这种模式下，如果要存款，直接在ATM上操作即可（但前提需要客户拥有金融账户，如果要向其他人汇款，也需要对方拥有金融账户）。

在这种模式下，手机的定位功能，可以帮助客户快速查找到附近的ATM。此外，移动运营商推出的手机银行，也可以与银行等机构合作，推出无卡取现等功能，如肯尼亚的M-PESA。

（二）肯尼亚M-PESA

M-PESA，一开始，其主要是为了满足穷人汇款需要，发展到后来，可以通过其完成转账、汇款、取现、话费充值、付账、发工资和偿还贷款等业务。M-PESA不仅能在国内汇款，还能在海外向M-PESA用户汇款。

M-PESA的一大创新是可以向没有银行账户的客户汇款，可以通过代理商或者合作银行实现现金存取款。

1. 操作流程

（1）存取款流程：代理商

如果客户是M-PESA注册用户，取款流程如下：查找附近的M-PESA代理商；确认代理商有足够的现金；向代理商出示你的手机号码和初始ID；在M-PESA菜单上选择取款；输入代理商代码、取款金额和PIN；选择提交，这时会弹出一个提示页面（在该页面至少停留15秒，才能进行下一步操作），需要客户核对取款金额、代理商等信息是否正确；点击确认后，系统会同时给客户和代理商发送短信提示；代理商向客户支付现金，客户在记录簿上签字确认，交易完成。

如果客户不是M-PESA注册用户，取款流程如下：查找附近的M-PESA代理商；确定代理商有足够的现金；向代理商出示你的手机号码和初始ID；代理商输入客户短信中的"一次性代码"；点击确认后，客户和代理商会收到交易确认的短信；代理商向客户支付现金，客户在记录簿上签字确认，交易完成。

M-PESA存款流程比较简单，但需要客户注册M-PESA，具体流程如下：携带手机和初始ID到经授权的M-PESA代理商处；告诉代理商你的存款金额；代理商利用手机等移动终端，把相应金额的电子货币转入你的账户；发送交易确认的短信。

（2）取款流程：合作银行的ATM

在合作银行ATM上取款，需要客户是M-PESA注册用户。目前，M-PESA主要的合作银行有Pesa Point、Equity Bank、Diamond Trust Bank、KCB、Family Bank、NIC Bank。

①客户在手机上操作。

第一，在M-PESA菜单上选择取款；

第二，选择从ATM上取款；

第三，输入代理商代码；

第四，输入你的M-PESA PIN。

以上步骤完成后，就会收到一条含有6位数授权码的短信提醒。

②客户在合作银行的ATM上操作。

第一，在ATM上点击M-PESA；

第二，选择语言；

第三，输入6位数的授权码；

第四，输入你的Safaricom手机号码；

第五，输入取款金额，完成取款。

2．盈利模式

M-PESA的主要盈利点是转账手续费，同时向汇款方和收款方收取。需要说明的是，M-PESA账户最大余额为10万先令，每天转账不能超过14万先令，而每次不能超过7万先令。

账户查询和更换PIN号码也要收费，但账户注册、存款和通过M-PESA进行话费充值都免费。M-PESA还收取一定的取现费，客户主要从代理商处取现，但M-PESA的代理商不受理50先令以下取现。

M-PESA还打通了移动运营商和银行之间的通道，可以实现M-PESA账户和银行账户之间的转账，同时也可以通过银行的ATM取现，但取现要收取一定的手续费。

M-PESA在支付、现金存取款等业务的基础上，与银行合作，推出了M-Shwari等信贷产品，通过信贷产品获取一定的收益。

3．主要优势

（1）规避了金融监管

M-PESA的虚拟账户设计使其不属于肯尼亚法律下的银行活动，因此Safaricom可以根据自己的商业判断选择代理商，Safaricom和Vodafone不对代理商的经营负责。M-PESA客户协议规定，Safaricom对代理商提供M-PESA服务项目中出现的问题不承担任何责任。对M-PESA这种由非银行机构主导的无网点银行服务，监管部门除了要求把客户储值的资金存入多家银行，基本上没有什么严格监管。

（2）实现了现金存取业务

M-PESA引入了邮局、药店、超市等代理商，通过它们来提供现金业务，满足了肯尼亚民众汇款的需要（肯尼亚银行系统不发达，民众大多没有银行账户）。

（3）方便快捷、兼容性强

客户不必下载移动应用程序，操作方便快捷，其系统以非结构化补充业务数据的代码为基础，可以应用于每个能发短信的手机，这大大拓展了其使用范围（肯尼亚网络基础设施还不发达，很多手机还不能上网）。

（4）移动运营商的作用举足轻重

移动运营商在农村地区网点（代理商）多，新增业务所带来的边际成本低，因此，移动运营商有动力来推广M-PESA。

4. 主要劣势

（1）安全性较差

M-PESA的终端大多为山寨手机，手机安全性较差，通过这种手机进行金融活动容易受到攻击，存在一定的操作风险。

（2）存在交易延迟

技术问题可能导致交易延迟，在某些情况下延迟可能会持续一整天。

（3）交易费用较高

M-PESA同时向汇款方和收款方收取手续费，但有胜于无，与落后的银行系统相比，M-PESA具有一定的优势。

二、金融科技对现金货币形态的影响

金融科技对现金货币形态的一个重要影响是货币数字化。货币数字化既是金融科技快速发展的前提条件，又是金融科技发展的客观结果，加之移动支付的配合，这种客观结果在一定程度上就替代了现金。

（一）货币形态的发展演变

货币形态的演变经历了商品货币、贵金属货币、代用货币和信用货币，当今社会处于信用货币时代，主要表现为纸币和一部分数字货币。与此同时，支付方式也随货币形态的演变而不断演变，经历了实物商品（比如牛、羊、铁、贝壳）、贵金属（比如金、银）、保管凭条、现金、银行卡、支票、网上支付、移动支付和电子票据出示和付款（EBPP）等。目前主要的支付方式表现为现金、纸基票据、电子化形式的支付卡、网上指令支付、电话指令支付和移动支付等。

货币形态的演变主要源于技术的进步和需求的推动，比如，技术的进步使数字货币成为可能，需求的推动使数字货币成为现实。

（二）电子货币

虽然人们对电子货币给出了不同定义，但一般来说电子货币具有如下特点：一是以虚拟账户代表货币价值；二是储存于电子装置中，通常是电子货币发行机构的服务器，但有时也存于客户的卡片上；三是电子货币有通用目的，是发行机构及其密切的商业伙伴以外的实体可接受的支付手段。已有的对电子货币的定义，更多地强调电子货币是事先储值，是一种预付支付机制。在当下，电子货币被广泛用作交易手段和价值储值，与中央银行的通货相对应，是法定货币的数字化、电子化，可以很容易地与实物货币相互转换；电子货币的数据对应着同等数量的实物货币；我们需要向电子货币的发行者（银行等金融机构）支付实物货币换取等量的电子货币。电子货币的提供主体主要是商业银行，如存款和数字支票（记账货币）。电子货币的提供主体还包括第三方支付公司、移动运营商等，典型代表有：一是肯尼亚的M-PESA，由移动运营商发行，基于移动运营商的虚拟账户，具有价值储藏和交易手段的功能；二是金融资产货币，比如以余额宝为代表的第三方支付+货币市场基金等，核心是利用信息技术进行产品创新，实现了流动性和收益性的统一。这里作为支付的货币是金融产品，但这其中有一个转换过程，即将金融产品转换为法定货币，从这个角度来理解，其发行者是中央银行，而如果用金融产品直接进行支付，没有中间的转换过程，那么其发行者就不是中央银行了。

未来中央银行可能直接发行数字货币，即基于互联网新技术推出全新的加密电子货币体系，这将是货币体系的重大变革，会对支付体系产生重大影响。

（三）虚拟货币

顾名思义，虚拟货币是非真实的货币，只具有货币的部分职能，可以直接在虚拟世界中获得，也可以通过实物货币购买来获得，虚拟货币一般不能直接转换为实物货币。目前，虚拟货币主要有两种类型：一是社区网络货币，比如腾讯的Q币、新浪的微币。社区网络货币存在一个发行中心，此时的虚拟货币是商家的负债。二是比特币，基于密码学、网络P2P（个人对个人）技术，由计算机程序产生并在互联网上发行和流通，流通和发行都实现了去中心化。

三、金融科技对物理银行卡的影响

移动金融对物理银行卡的影响主要体现在移动支付的发展方面，移动支付（尤其是第三方支付主导下的移动支付）的快速发展本身就是对物理银行卡的替代。关于移动支付，本书后面会专门论述，这里我们主要分析两类比较典型的替代物理银行的方式。一方面，部分商业银行主动革新，推出创新性的支付方式来取代银行卡，比如招商银行的"一闪通"；另一方面，手机生产商跨界竞争，推出新型的支付方式，取代银行卡，比如Apple Pay、Samsung Pay、Huawei Pay等。下面，我们重点分析一下招商银行的"一闪通"。

一部手机轻松搞定所有银行的事情，真正把每一个人都从金融琐事中解脱出来，享受工作和生活带来的快乐，这正是招商银行推出"一闪通"的初衷。

基于这样的目的，招商银行在北京发布了全新移动金融产品"一闪通"，该产品将一卡通、信用卡与手机结合在一起，不仅能够通过手机进行大额、小额支付，还能通过手机办理ATM存取款和网点业务等。

该产品设计的初衷是用手机替代银行卡，那么目前其可以在哪些渠道实现替代呢？一是全国招商银行营业网点用"嘀"手机替代刷银行卡，办理指定业务，目前已上线的业务包括一卡通存取现、存取款等业务，后续将逐步上线其他业务，使"一闪通"可替代一卡通办理所有柜台刷卡业务。二是在全国招商银行、银联带有非接触功能的ATM用"嘀"手机替代插卡办理全部ATM业务。三是在全国支持"Quick Pass"（闪付）的商户用"嘀"手机替代刷卡进行消费。

（一）操作流程

"一闪通"只能通过手机App申请开通。具体流程如下。

①持有正常使用的招商银行一卡通（必须是本人在柜台开立或激活的）；

②持有指定型号的NFC手机；

③在手机中安装应用（路径：手机银行3.0—"助手"—"一闪通"），根据客户端安装应用→点击同意"开卡须知"→输入一卡通卡号、取款密码、短信验证码。

开通"一闪通"后，客户可以在指定渠道通过"嘀"手机来替代银行卡，比如，在招商银行ATM上取款，第一步，选择"非接交易"，第二步，按照提示将手机贴近NFC感应区，感应完成后即可按照ATM提示进行后续操作。

（二）盈利模式

招商银行推出"一闪通"，主要目的是抢占移动金融市场，移动金融具有网络规模效应，先行者具有优势，一旦超越某个"关键规模"，就能快速发展，届时，招商银行获得的收益将是巨大的。

此外，推出"一闪通"可以增加客户黏性、降低业务处理成本。但"一闪通"对招商银行盈利的影响是潜移默化的，需要逐步显现，在推出前期，由于设备改造成本、营销成本大幅上升，加之客户习惯的培养需要一定时间，投入大、收益小。

当然，"一闪通"同时也蕴含了失败的风险，比如，消费习惯改变的困难、移动金融领域激烈的竞争以及未来的不确定性等。

（三）产品优点

1．方便快捷

从客户体验的角度来看，该产品不需要携带银行卡，甚至不需要打开手机，就能完成支付、取款等金融服务，较为方便。

2．多重安全保障

利用多重手段来保障用户的账户和资金安全，一是采用令牌技术；二是安全芯片加密存储；三是手机一旦丢失，可以快速"暂停"其服务。

3. 无须借助互联网

支付的处理在现场线下进行，使用NFC射频通道实现与POS机或自动售货机等设备的本地通信。

（四）产品缺点

①支持的手机有限。支持招商银行"一闪通"的仅有华为、三星、苹果等品牌的部分手机。

②能支持"一闪通"的终端有限。目前只限于招商银行的ATM、营业网点以及部分支持闪付的终端。

③灵敏度较差，有时手机靠近终端没有反应。

④客户之间不能通过"嘀"一下完成个人之间的转账，需要打开手机银行，输入账号来完成个人之间的转账。

⑤涉及的环节太多。涉及手机厂商、银行、商户、移动运营商、卡组织等，它们在NFC技术实现上一直都存在利益博弈，这导致NFC技术标准无法统一，NFC的推广存在障碍。

以上种种原因，导致"一闪通"体验没有其宣传得那么好，存在不确定性。

第二章

金融科技人才概述

第一节　金融科技人才的定义与特点

一、金融科技人才的定义

金融科技一词源于国外，由于是新生事物，且在国内外的发展环境和历程有所差异，学者们对其并没有形成统一的定义。当前研究对金融科技的定义主要有三类，一是认为金融科技是一种金融创新。国际金融稳定理事会（FSB）对金融科技给出了一个国际通用的标准定义："技术带来的金融创新，它能够创造新的商业模式、应用、流程或产品，从而对金融市场、金融机构或金融服务的提供产生重大影响。"巴塞尔银行监管委员会将关键的金融科技产品和服务分为几大关键领域：信贷、存款与融资服务；支付、清算和结算；投资管理服务等部门创新，以及市场配置服务。二是认为金融科技是一种应用于金融业的技术和解决方案，集科技、客户洞察、金融场景、产品运营等功能于一体，强调金融科技机构应该从客户的角度出发，其目标在于优化客户对产品的体验，增加服务价值。三是认为金融科技是科技与金融的深度融合发展，而非简单的金融加科技。尽管国内外学者和机构对金融科技的定义并不完全相同，但是大多关注科技的创新与发展对金融服务业的关键作用。

本书认为，金融科技人才是指熟悉信贷、存款与融资服务，支付、清算和结算，投资管理服务及市场配置服务等关键领域业务，熟练掌握数据应用、分布式账户、云计算、物联网及人工智能等核心技术，具备金融、管理、会计、法律和信息技术等跨学科知识，具备创新思维、用户思维、跨界思维、迭代思维、国际思维，具有一定的合规意识和风险意识，具有较强的学习能力、分析解决问题能力、沟通合作能力、创新创业能力、科学研究能力、自控能力、风险管理能力等综合能力的复合型人才。

二、金融科技人才能力体系

由于不同个体在能力方面存在差异，加上实践活动的复杂和多元性，要对能力进行识别、测量和评价等都存在较大困难。为了保证能力测度体系的客观性和可操作性，本书构建了10个维度的能力并设置了65个观测点。

（一）金融科技人才能力维度及界定

金融科技人才不光要有丰富的经济、金融相关知识，还要具备数据分析、编程语言等复合型的知识结构。Anne Janssen指出，金融科技的变化要求人才具有研发新型金融工具的创新能力、应变决策能力及实践能力等。此外，金融科技的应用带来了新的风险和安全问题，如战略风险、操作风险、监管风险、合规风险、网络风险以及数据安全、隐私安全等，因此，金融科技人才需要具有独立客观、职业谨慎、信息保密等方面的素质，以提供金融安全保障。良好的风险管理能力是金融科技人才尤为重要的条件和基本素养。2017年《上海互联网金融人才发展报告》指出，互联网金融人才的软技能有资源整合、创新、互联网思维、团队协作、沟通、跨界学习、执行力、适应力等，硬技能有数据分析、风险控制、行业资质等。2017年，普华永道的报告指出，在关键科技偏好方面，中国受访者倾向于投资的前三项依次为"大数据分析""人工智能""移动科技"。

相关学者在现有理论和文献的基础上，一方面实地调研了多家金融机构的金融科技人才现状，并对机构中高层管理人员、人事部门招聘、培训晋升及绩效考核等负责人进行了深度访谈，确定了金融科技人才的能力类型。另一方面，当前高校仍然是金融人才的主要来源，高校金融科技人才的培养质量，在很大程度上决定了行业的发展水平。经相关学者的主题研讨，对能力体系进行补充、修正、界定和论证，并做小范围测试。将金融科技人才能力分为核心能力和职业能力两个类型，其中，核心能力是指金融类专业学生应该具备的基本的、通用的能力；职业能力属于从事金融科技工作的人员必须具备的专业技能及职业素养。

构建的能力体系包括学习能力、分析与解决问题的能力、沟通合作能力、创新创业能力、科学研究能力、自控能力、风险管理能力、专业工具应用能力、国际化能力、跨界能力10个维度，其中，前5种属于核心能力，后5种属于职业能力。

1. 核心能力

第一，学习能力。学习能力指运用科学的学习方法及技巧，持续不断地进行金融科技相关理论知识的更新与实践技能的提升，以支持自我终生发展的能力。

第二，分析与解决问题的能力。分析与解决问题的能力指独立发现、提出、分析金融科技问题，并在已有知识和经验的基础上，应用系统思维、扩散思维、聚合思维等思维方式，通过逻辑推理、归纳和演绎、类比等方法，提出可能的解决方案，选择最佳解决方案，并付诸行动的能力。

第三，沟通合作能力。沟通能力指运用倾听、表达等基本沟通方法与沟通技巧，有效地与他人进行事实、情感、价值取向和意见观点等信息交流，以达成特定目标的能力；合作能力指在相互协作的群体中能够相互信任、相互尊重、相互配合，协调合作开展学习与工作的能力。

第四，创新创业能力。创新能力指个体或群体在社会语境下产生新颖性和有用性统一的感知能力，其是能力、过程和环境互动的结果。创业能力是指拥有发现或创造新领域，以及致力于理解创造新事物的能力。

第五，科学研究能力。科学研究能力指能够将经济金融现象和问题提炼为学术问题，独立编制研究计划，开展文献查阅、收集、整理等信息处理，应用掌握的研究方法、研究工具以及运用批判性思维，完成研究和撰写论文报告的能力。

2．职业能力

第一，自控能力。自控能力指根据金融安全性要求，熟知各种相关的金融法律法规，恪守法律法规，建立合规意识，控制自己思想、情感和行为举止，履行自身职业道德的能力。

第二，风险管理能力。风险管理能力指拥有金融风险意识，能对风险管理环境进行分析，能识别主要金融风险，能监测金融科技驱动带来的新风险及其变化，能应用专业风险度量方法进行计量与分析，能对风险进行报告、评估、控制的能力。

第三，专业工具应用能力。专业工具应用能力指熟练掌握人工智能、大数据技术、安全技术、移动互联网技术、区块链技术、云计算等技术，熟练应用金融办公软件、金融统计软件、金融计量软件、金融业务模拟软件等工具开展金融研究、解决金融问题的信息化能力。

第四，国际化能力。国际化能力指熟悉国际金融法规、国际市场准则，能开展跨文化交流并按国际化思维思考问题的能力。

第五，跨界能力。跨界能力指具有应用金融、管理、计算机、数学、工程等多学科交叉知识与工具方法解决金融问题、进行金融产品服务创新的能力。

（二）金融科技人才能力观测点

在金融科技人才能力维度的基础上，有关学者构建了金融科技人才能力观测点。

1．学习能力

学习能力包括：①能否快速获取新信息、新事物、新知识、新技能，进行有效的知识迁移；②能否利用中英文金融文献资料、信息网络资源等媒介开展自主学习；③能否在沟通与合作中敏锐地领悟、获取并有效利用金融实践知识。

2．分析与解决问题的能力

分析解决问题能力包括：①能否在现实金融活动中发现问题、提出问题；

②能否针对金融科技问题开展系统思考，应用金融科技专业知识解决现实问题；③能否对金融问题的性质、产生的原因及可能的结果进行有效分析与判断；④能否理论联系实际，提出解决金融科技问题的可行方案、路径和方法；⑤能否应用逻辑推理和实践检验等方法解决金融科技问题，思路清晰，行动快速；⑥是否具有应对金融危机与突发事件的能力。

3．沟通合作能力

沟通合作能力包括：①是否具有良好的倾听能力，能自主地接收信息并做出积极回应；②是否尊重他人的价值观、信念和意见；③能否用中英文清晰、准确、有条理地进行沟通表达；④是否掌握中英文行政公文、事务文书、财经文书、日常文书、科技文书、新闻文书等金融科技应用文写作；⑤能否对信息做出快速反应和良好反馈；⑥是否具有合作精神、集体意识和大局意识；⑦能否包容、信任他人，进行有效的团队合作。⑧是否具有国际视野，有效参与国际竞争与合作。

4．创新创业能力

创新创业能力包括：①是否具有强烈的求知欲、好奇心和丰富的想象力，勇于突破常规，尝试新事物。②是否善于思考，具有发现能力。③能否独立进行金融科技产品与服务开发设计。④是否具有聚合思维能力和发散思维能力。⑤是否具有批判性思维，不盲从，能够独立思考和有效反思。⑥是否具有一定的创新精神、创业意识。⑦是否学以致用，创造性地解决实际金融问题。⑧是否具有专业敏感性，在实践活动中敢于创新、勇于创新。⑨能否撰写商业计划书、创业报告，进行商业路演、创业实战等。⑩能否参加学科竞赛并获得奖项。⑪能否进行发明创造获得软著或专利。

5．科学研究能力

科学研究能力包括：①能否应用互联网、学术期刊网、专业数据库（Wind等）进行文献检索、数据收集；②能否根据金融科技行业发展形势、政策及社会热点问题或金融机构实际问题提出有价值的科学问题；③能否对科学问题提出假设并设计出解决方案；④能否熟练运用基本实验技术设计并完成实验方案；⑤是否熟练掌握市场调研与预测的方法与技巧并开展市场调研与预测；⑥能否客观分析数据结果得出科学结论；⑦能否理论联系实际，阐述结论的科学意义；⑧是否具有调研报告、案例分析报告、实证论文、产品设计等写作能力。

6. 自控能力

自控能力包括：①是否熟悉并严守《中国人民银行法》《商业银行法》《担保法》《合同法》《票据法》《保险法》《证券法》等金融业相关法律法规；②是否熟悉国际金融法、国际金融组织制度、国际银行制度、国际货币制度、国际贷款制度、国际证券制度等国际金融法律法规；③是否具备良好的职业道德及社会责任感，严于律己，廉洁奉公，诚实守信，保守内部信息和商业机密；④能否有效控制情绪、理性面对挫折和压力。

7. 风险管理能力

风险管理能力包括：①是否具有良好的金融科技风险防范安全意识和职业道德；②是否熟悉风险管理流程及制度并严格执行；③能否进行有效识别、分析与预测证券、保险、银行等金融行业常见风险；④能否设定适当的风险偏好、容忍度与阈值；⑤能否根据风险的大小和性质，准确设定并适时升级监控报告的频率；⑥能否应用基本法、标准法等对信用风险、市场风险、流动性风险、操作风险等进行计量；⑦能否熟练应用风险回避、损失控制、风险转移和风险保留等基本金融风险控制方法，及时控制早期风险，触发补救措施；⑧能否准确识别、监测、报告、评估、分析金融科技带来的战略风险、操作风险、网络风险和合规风险等；⑨能否全面识别、评估、缓解金融科技迁移、扩展过程和系统启动、交付引起的风险；⑩是否掌握一般风险评估报告的撰写技能；⑪是否获得金融风险管理师认证（FRM、CFA等）。

8. 专业工具应用能力

专业工具应用能力包括：①能否进行基本的计算机应用与网络应用；②能否熟练运用Office等基础办公软件进行信息处理；③能否初步应用数学方法对金融风险进行建模；④是否掌握人工智能、大数据技术、安全技术、移动互联网技术、区块链技术、云计算技术；⑤能否熟练运用数据分析与处理工具（如Excel、SPSS等）；⑥是否掌握数据编程建模分析工具（如Excel等）；⑦能否熟练运用投资决策、股票投资、保险精算软件等金融类专业理财模拟软件。

9．国际化能力

国际化能力包括：①是否具有一定的国际化视野和强烈的创新意识；②是否掌握国际金融法律法规；③能否进行有效的跨文化沟通；④是否获得国际金融职业认证（如CICPA、PMP、CPA、ACCA）。

10．跨界能力

跨界能力包括：①是否具有创新思维、平台思维、用户思维、跨界思维、迭代思维、风险思维、法治思维等多维度思维模式；②是否掌握STEM（科学、技术、工程和数学）学科的基本思维与技能；③是否拥有金融学类、经济学类、统计学类、管理学类、计算机类等跨领域的复合性知识、技能与经验，并能够融会贯通、灵活运用。

三、金融科技人才的特点

金融科技人才最突出的特征是复合性、创新性、应用性和国际性。

（一）复合性

金融科技行业强调金融和科技的深度交叉融合，复合性是行业对人才的内在要求，体现在知识复合性、思维复合性以及能力复合性方面。

知识复合性不仅是跨学科的简单叠加，更是这些学科间深度融合与灵活运用的体现。金融科技人才不仅需要精通STEM领域的核心技术，还需要将这些技术应用于金融场景，实现技术与金融业务的无缝对接。例如，在金融产品设计中，首先，他们需要运用统计学原理进行市场调研和数据分析，结合经济学理论评估产品收益与风险，再借助计算机编程技能实现产品的自动化开发与优化。其次，他们需要对宏观金融形势及政策进行敏锐洞察，并及时调整策略，应对市场变化。最后，熟练掌握多种编程语言和技术工具，如Java、Linux、SQL、Python等，是他们实现技术创新的必备技能。

思维复合性要求金融科技人才具备多元化的思维方式，以应对复杂多变的行业环境。战略思维使他们能够站在全局高度，为企业的长远发展制定战略规划；创新思维鼓励他们不断探索新技术、新模式，推动行业进步；平台思维强调资源整合与共享，促进生态系统的构建；用户思维则关注客户需求，提升用户体验；跨界思维促使他们打破行业壁垒，实现跨领域合作；法治思维则要求他们在业务开展中严格遵守法律法规，维护市场秩序。

能力复合性是对金融科技人才实际操作能力的全面要求。学习能力使他们能够紧跟行业发展趋势，持续更新知识结构；战略规划能力确保企业在激烈的市场竞争中保持领先地位；组织管理能力则关乎团队建设和项目执行效率；沟通协调能力是团队合作与跨部门协作的基石；风险管理能力帮助企业识别并应对潜在风险；应变能力使他们能够在突发事件中迅速做出反应；计算机与互联网信息技术运用能力是他们技术创新的直接体现；数据分析能力则是他们洞察市场、优化产品的重要依据；市场销售与管理能力则直接关系到企业的市场占有率和盈利能力。

综上所述，金融科技行业对人才的复合性要求，不仅体现在知识的广度与深度上，更体现在思维的多样性与能力的全面性上。这种复合型人才的培养，需要教育体系、企业实践以及个人努力等多方面的共同努力。

（二）创新性

金融科技从1.0到3.0的演进历程，犹如一幅波澜壮阔的科技与金融深度融合的画卷，每一步都深刻改变着金融行业的面貌。这一过程不仅是技术层面的飞跃，更是思维模式、应用场景乃至整个行业生态的重塑。在这个过程中，创新成为金融科技最鲜明的底色，是其生生不息、持续前进的动力源泉。

随着科技的日新月异，新兴技术如人工智能、大数据、区块链、云计算等不断涌入金融领域，它们如同催化剂，加速了金融科技的迭代升级。这些技术的应用，不仅拓宽了金融服务的边界，使金融服务更加个性化、智能化、便捷化，还催生了诸多前所未有的金融产品和业务模式。金融科技的每一次飞跃，都是对传统金融体系的深刻反思与超越，是金融与科技深度融合的结晶。

而在这场变革的浪潮中，金融科技人才无疑是最宝贵的资源。他们不仅是技术的驾驭者，更是创新的引领者。金融科技人才通常具备扎实的专业知识、敏锐的洞察力、强烈的好奇心以及卓越的创新能力。他们敢于挑战现状，勇于尝试未知，能够敏锐地捕捉到技术变革带来的机遇，并将其转化为推动金融科技发展的强大动力。

具体来说，金融科技人才在产品开发、服务设计、制度制定以及问题解决等方面都发挥着不可替代的作用。他们能够基于市场需求和技术趋势，独立开发出具有创新性和竞争力的金融科技产品；能够设计出既符合监管要求又贴近用户需求的金融科技服务；能够制定出科学合理、切实可行的科技金融制度，为金融科技的健康发展提供有力保障；更能在面对复杂多变的金融问题时，展现出超凡的创造力和解决问题的能力，为金融行业的稳健运行贡献智慧与力量。

因此，对于金融机构和金融科技企业而言，培养和引进金融科技人才已成为其保持竞争优势、实现可持续发展的关键。未来，随着金融科技的持续演进和金融行业的不断变革，金融科技人才的需求将会更加旺盛，而如何更好地培养和吸引这些人才，将成为金融行业必须面对的重要课题。

（三）应用性

在深入探讨金融科技领域的创新实践时，我们不难发现，这一领域的发展动力源自理论与实践之间微妙的互动与超越。这种超越性不仅体现在技术革新引领金融实践的前瞻性上，也体现在金融产品与服务的创新如何反向驱动技术应用的深化与拓展上。这一双重驱动的模式，对金融科技人才的能力结构提出了更为复杂和多元的要求。

从技术应用驱动金融实践创新的视角来看，金融科技领域的快速发展得益于大数据、人工智能、区块链、云计算等前沿技术的不断突破与融合应用。这些技术不仅重塑了金融服务的形态与边界，更深刻地改变了金融业务的处理流程与效率。因此，金融科技人才不仅需要具备敏锐的技术洞察力，能够迅速把握新技术的发展趋势，并将其转化为解决实际金融问题的有效工具；还需要具备扎实的金融理论基础，以便在技术创新的过程中，保持对金融业务本质与规律的深刻理解，确保技术创新的方向正确且富有成效。

从金融产品服务创新推动技术应用创新的层面分析，金融科技机构为了提升市场竞争力，不断推出具有创新性的金融产品和服务。这些创新往往源自对市场需求的精准把握以及对客户体验的持续优化。而为了实现这些创新，金融科技人才需要具备强大的实践能力，能够将抽象的金融理念与具体的技术应用相结合，设计出既符合市场需求又具有技术可行性的金融产品和服务。此外，他们还需要具备丰富的行业经验与案例积累，以便在产品设计、场景应用、业务模式创新等方面提供有价值的参考与借鉴。

值得注意的是，与传统金融领域相比，金融科技领域对人才的实践经验给予了更高的重视。无论是校园招聘还是社会招聘，金融科技机构都倾向于选择那些具有相关实习、实训或工作经验的候选人。这是因为这些实践经验不仅能够帮助候选人更快地适应工作环境并融入团队文化，还能够为他们提供更加直观和深入的行业认知与理解。同时，这些实践经验也是金融科技机构在考核与晋升人才时的重要依据之一。它们能够反映出候选人在实际工作中所展现出的能力、态度与潜力，为机构提供更加全面和准确的评价信息。

综上所述，金融科技领域的创新实践对人才的能力结构提出了更高要求。为了应对这一挑战并抓住发展机遇，金融科技人才需要不断提升自己的技术洞察力、金融理论基础与实践能力，并积累丰富的行业经验与案例。

（四）国际性

在金融国际化的浪潮中，其深层次的核心特征与影响逐渐显现，并构成了经济全球化的坚固基石与强劲引擎。这一过程不仅体现在资金与资本在全球范围内的自由流动与优化配置，更深刻地体现在金融市场结构的国际化、交易活动的跨国界融合、金融机构的全球布局以及监管体系的国际协同上。这些方面相互交织，共同塑造了一个既高度开放又复杂多变的国际金融生态体系。

具体而言，金融市场的国际化促使各国市场间的界限日益模糊，金融产品与服务的多样性和可达性显著提升，为投资者提供了更为广阔的选择空间。同时，随着跨境交易量的激增，交易活动的国际化不仅加速了资本流动的速度，也促进了交易技术的创新与应用，使交易过程更加高效、透明。

金融机构的全球化布局是金融国际化的另一重要表现。为了捕捉全球市场的机遇，金融机构纷纷采取跨国经营策略，通过设立分支机构、采取合资合作等方式，在全球范围内构建起庞大的服务网络。这种布局不仅有助于金融机构分散风险、优化资源配置，还促进了全球金融体系的深度融合与协同发展。

然而，金融国际化的顺利推进离不开国际化人才的强力支撑。市场对于国际化人才的需求日益迫切，特别是在金融与科技深度融合的当下，AI、大数据和软件开发类领域更是成为海归人士回国后的热门选择。这些领域要求人才不仅具备扎实的专业知识与技能，更需拥有国际化思维及视野，能够跨越文化和语言的障碍，与国际同行进行有效交流与合作。

此外，国际化人才还需熟悉国际金融科技业务的发展趋势与前沿动态，掌握国际金融法律法规的精髓与要点，以便在全球化竞争中占据有利地位。这种对国际化人才的高标准严要求，不仅体现了金融国际化对于人才素质的全方位提升要求，也预示着未来金融科技领域将更加注重人才的国际化培养与引进。

综上所述，金融国际化作为经济全球化的重要组成部分和主要推动力，其深层次特征与影响广泛而深远。在这一过程中，国际化人才发挥着不可或缺的关键作用。因此，加强国际化人才的培养与引进工作、提升金融从业人员的国际化素质与能力水平是推动我国金融国际化持续健康发展的重要保障。

第二节　金融科技人才的发展历程

一、初始阶段：技术的引入与应用（20世纪80—90年代）

在金融科技的起步阶段，其深层次的演进与细化不仅体现在技术层面的渗透与融合上，还深刻影响着金融行业的生态结构与人才配置。这一时期的转变，是金融科技从萌芽走向成熟的关键过渡，其内涵丰富且多维。

从计算机技术和信息技术的引入来看，这一阶段的金融科技并非简单的技术堆砌，而是逐步渗透至金融业务的每一个角落。随着技术的不断成熟，金融机构开始探索如何将这些新技术更有效地应用于日常运营中。比如，会计系统的电子化不仅仅是手工账目的数字化，更在于通过算法优化实现自动对账、错账预警等功能，大大提高了财务处理的准确性和效率。交易系统则借助高速网络与加密技术，实现了交易的即时成交与风险监控，保障了市场的稳定运行。客户管理系统则通过数据分析，为金融机构提供了更精准的客户画像，助力其实现个性化服务与精准营销。

在自动化方面，金融科技起步阶段的努力不仅是简单的流程自动化，还涉及了决策支持系统的初步构建。金融机构开始尝试利用机器学习算法对市场趋势进行预测，为投资决策提供数据支持。虽然这一时期的预测模型还相对简单，但已经展现出了金融科技在提升金融决策智能化水平方面的巨大潜力。同时，自动化客服、智能投顾等创新应用的涌现，也标志着金融科技在客户服务领域的初步尝试，为后来智能金融的全面发展埋下了伏笔。

在人才培养方面，金融科技起步阶段面临着计算机科学专业人才与金融专业人才之间的巨大鸿沟。一方面，计算机科学专业人才虽然掌握着先进的技术，但往往缺乏足够的金融知识，难以深入理解金融业务的实际需求；另一方面，金融专业人才则对新兴技术持谨慎态度，担心技术变革会冲击传统业务模式。为了弥合这一鸿沟，金融机构开始加强跨领域合作，通过举办联合培训、设立交叉学科项目等方式，促进两类人才之间的交流与融合。此外，随着金融科技教育体系的逐步完善，越来越多的高校开始设立金融科技相关专业，培养既懂技术又懂金融的复合型人才，为金融科技的持续发展提供了有力的人才保障。

信息技术部门在这一阶段经历了从无到有、从小到大的快速发展过程。从最初的技术支持角色，逐渐转变为推动金融业务创新的重要力量。信息技术部门不仅负责金融系统的日常运维与升级，还积极参与到新产品的研发与测试中来。通过与技术供应商、科研机构等外部伙伴的紧密合作，信息技术部门不断引入前沿技术，为金融机构的创新发展注入新的活力。同时，随着云计算、大数据等技术的兴起，信息技术部门还承担起了数据治理与数据价值挖掘的重任，为金融机构的数字化转型提供了强有力的数据支撑。

金融科技的起步阶段还体现了一种渐进式的融合过程。从最初的技术引入与应用，到后来的自动化与智能化探索，再到人才培养与跨界融合的深化，每一步都伴随着金融与科技之间的深度互动与相互渗透。这种融合并非一蹴而就，而是需要经历长时间的磨合与调整。在这一过程中，金融机构不断试错、迭代与优化，逐渐找到了适合自己的金融科技发展路径。同时，监管机构也适时调整监管政策，为金融科技的健康发展提供了良好的制度环境。

二、发展阶段：互联网的兴起（21世纪初）

进入21世纪后，互联网的迅猛发展改变了金融服务的格局。随着电子商务和在线支付的普及，金融科技开始逐渐走进大众视野。这个时期，互联网金融的概念开始形成，出现了大量新兴的金融科技公司和初创企业。这些公司不仅提供传统金融服务，还开发了创新的金融产品，如P2P借贷、众筹平台等。

在这一阶段，金融科技人才的需求大幅增加。企业开始重视拥有复合型人才，即既具备金融知识，又精通计算机技术与市场营销的专业人才。随着新兴金融企业的不断涌现，传统金融机构也面临着竞争压力，纷纷加强对金融科技人才的引进和培养。

为了应对日益复杂的市场需求，许多大学和职业培训机构逐渐意识到这一趋势，开始开设相关课程，培养具备互联网金融背景的人才。例如，一些高校开设了金融科技专业，课程内容不仅包括金融理论，还涵盖数据分析、编程、区块链等新兴技术的学习。同时，许多企业也开始与高校建立合作关系，提供实习机会和实践项目，以帮助学生积累实际经验。

在这一阶段，人才的培养模式也逐渐多样化。除了传统的学位教育，短期培训、在线课程和职业认证等多种形式应运而生，满足了对不同层次人才的需求。同时，金融科技领域的人才竞争开始加剧，优秀的人才往往能够获得更高的薪资和更好的职业发展机会，进一步吸引了更多年轻人加入这一行业。

进入21世纪后，互联网的迅猛发展与普及无疑为全球金融服务行业带来了翻天覆地的变化，其深远影响不仅体现在服务模式的革新上，更深刻地重塑了金融行业的生态结构。在这一时代背景下，金融科技作为互联网与金融深度融合的产物，逐渐从幕后走向台前，成为推动金融服务创新与升级的重要力量。

随着互联网技术的不断进步，电子商务的蓬勃发展为互联网金融的兴起奠定了坚实的基础。在线支付系统的普及，使消费者能够轻松实现跨地域、跨时间的交易，极大地提高了金融服务的便捷性和效率。这一变革不仅改变了人们的支付习惯，也为金融服务的创新提供了无限可能。互联网金融的概念在这一时期应运而生，它不仅继承了传统金融服务的核心功能，如存贷款、支付结算、保险理财等，还借助互联网技术实现了服务的个性化、定制化与智能化。

互联网金融的兴起催生了大量新兴的金融科技公司和初创企业，它们凭借敏锐的市场洞察力和强大的技术创新能力，迅速在金融市场中占据一席之地。这些公司不仅提供传统的金融服务，更致力于开发具有创新性的金融产品，以满足市场多元化、差异化的需求。其中，P2P借贷平台通过连接借款人与投资者，打破了传统银行信贷的局限，为中小企业和个人提供了更为灵活、高效的融资渠道；众筹平台则利用互联网的力量，将众多小额资金汇聚起来，支持创新项目和创意产业的发展。这些金融产品的出现，不仅丰富了金融市场的产品线，也促进了金融资源的优化配置。

随着金融科技行业的快速发展，对专业人才的需求也呈现出爆炸式增长的趋势。企业越来越需要那些既懂金融又懂技术，同时具备市场敏锐度和创新能力的复合型人才。这种复合型人才的稀缺性，使金融科技企业不得不加大在人才引进和培养方面的投入力度。

为了应对这一挑战，传统金融机构开始积极转型，加强金融科技人才的引进和培养。它们通过设立专门的金融科技部门、与高校和科研机构建立合作关系、开展内部培训等方式，不断提升员工的金融科技素养和创新能力。同时，一些具有前瞻性的企业还开始布局全球，吸引国际顶尖的金融科技人才加入。

与此同时，教育机构也敏锐地捕捉到了这一市场需求的变化。许多大学和职业培训机构开始调整课程设置，增设金融科技相关专业和课程，以培养学生的跨学科能力和创新思维。这些课程不仅涵盖了金融理论、数据分析、编程技术等基础知识，还融入了区块链、人工智能等前沿技术的介绍和应用实践。此外，许多企业还积极与高校合作，共同开展实习实训项目、联合研发项目等，为学生提供更多接触实际业务、积累实践经验的机会。

在金融科技人才需求旺盛的背景下，人才培养模式也呈现出多样化的趋势。除了传统的学位教育，短期培训、在线课程、职业认证等多种形式应运而生，为不同层次、不同需求的人群提供了灵活多样的学习路径。这些多样化的培养模式不仅满足了市场对金融科技人才的迫切需求，也促进了人才素质的全面提升和行业的持续健康发展。

然而，随着金融科技领域的快速发展和人才竞争的日益激烈，优秀的人才往往能够获得更高的薪资待遇和更广阔的发展平台。这种人才竞争态势不仅推动了整个行业的快速发展和创新能力的提升，也对从业者提出了更高的要求和挑战。因此，对于每一个有志于投身金融科技领域的人来说，都需要不断学习新知识、掌握新技能、提升综合素质和创新能力以应对日益复杂的市场环境。

三、成熟阶段：技术与金融的深度融合（2010年）

随着科技的飞速发展，金融科技已经从初期的萌芽阶段逐步迈入了成熟阶段。这一进程不仅伴随着技术的革新，更深刻地影响着金融服务的形态、效率和体验。在移动互联网和大数据技术的双重驱动下，金融科技不再仅是电子支付或在线借贷的代名词，而是渗透到金融服务的每一个细微环节，推动着整个金融行业的深刻变革。

在金融科技成熟的今天，其核心理念已经远远超越了简单的技术应用范畴。智能投顾作为金融科技的一大亮点，利用大数据分析和机器学习技术，为用户提供个性化、定制化的投资建议，实现了投资管理的智能化和自动化。这不仅极大地降低了投资门槛，也让更多人享受到了专业、高效的财富管理服务。同时，区块链技术的引入，更是为金融领域带来了前所未有的透明度和安全性，通过去中心化、不可篡改的特性，为支付清算、供应链金融、资产管理等多个领域带来了革命性的变化。

面对金融科技的快速发展，市场对于人才的需求也呈现出多元化、复合化的趋势。传统的金融人才或技术人才已难以满足当前市场的需求。金融科技领域需要的是既懂金融又懂技术，还具备管理能力的复合型人才。这类人才能够深入理解金融市场的运作规律，熟练掌握前沿技术工具，并具备将技术应用于金融实践中的能力。因此，教育机构在人才培养方面必须进行创新，打破学科壁垒，将金融、技术和管理等多学科的知识有机融合，构建跨学科的人才培养体系。

随着全球化的深入推进，金融科技的国际化趋势也日益明显。越来越多的金融科技公司开始将目光投向国际市场，寻求更广阔的发展空间。这一过程中，具备国际化视野的金融科技人才成为企业争夺的焦点。他们不仅需要了解本国的金融市场和监管政策，还需要对国际市场的动态保持高度敏感，能够迅速适应不同国家和地区的文化、法律和市场环境。因此，培养具有国际化视野的金融科技人才，对于提升我国在全球金融科技领域的竞争力具有重要意义。

面对金融科技人才的紧缺和需求的多样化，政府和行业协会也加大了对人才培养的支持力度。一方面，政府通过出台一系列政策措施，鼓励教育机构和企业加强合作，共同推动金融科技人才的培养。这些政策涵盖了课程设置、实践教学、产学研合作等多个方面，为人才培养提供了有力的制度保障。另一方面，行业协会则通过举办论坛、研讨会等活动，搭建交流平台，促进人才之间的交流与合作。同时，行业协会还积极参与国际标准的制定和推广工作，为我国金融科技人才在国际舞台上发挥更大作用提供了有力支持。

四、新兴阶段：人工智能与区块链的崛起（2020年及以后）

进入2020年，金融科技领域的变革越发显著，这一变革不仅源自技术的飞速发展，更深刻地体现在对人才素质要求的全面升级上。人工智能与区块链等新兴技术的崛起，犹如两股强大的推动力，共同塑造了金融科技的新面貌，并为其注入了前所未有的活力与潜力。这一阶段的金融科技人才，已不再是单一技能的掌握者，而是成为融合传统金融智慧与现代科技能力的复合型人才。

人工智能技术的广泛应用，为金融领域带来了前所未有的智能化升级。从智能客服到风险评估，从投资决策到反欺诈检测，人工智能正逐步渗透到金融服务的每一个环节，极大地提高了金融服务的效率与精准度。而区块链技术，则以其去中心化、透明性和不可篡改性等特性，为金融交易提供了更加安全、可靠的保障，促进了金融生态的多元化发展。这两种技术的结合，不仅重塑了金融服务的形态，更对金融科技人才的知识结构和能力体系提出了全新的挑战。

面对新兴技术的崛起和金融科技行业的快速变化，金融科技人才需要具备更为广泛和深入的知识储备。他们不仅要精通传统金融理论、政策法规及业务流程，还需熟练掌握数据分析、机器学习、区块链编程等前沿技术。这种跨学科的知识体系，要求金融科技人才具备高度的学习能力和自我更新能力，以快速适应行业发展的最新趋势。

在金融科技人才的培养过程中，创新能力和实践能力的提升被放在了前所未有的重要位置。教育机构和企业通过合作开发针对性强、实用性高的课程和项目，为学生提供了丰富的实践机会和创新空间。这些课程和项目不仅涵盖了理论知识的传授，更注重实践操作和案例分析，帮助学生在解决实际问题的过程中锻炼创新思维和动手能力。同时，通过参与行业竞赛、项目孵化等活动，学生还能进一步拓宽视野、积累宝贵的经验。

金融科技行业的快速发展和技术的不断进步，使市场环境充满了不确定性和变化性。为了应对这一挑战，金融科技人才需要具备高度的适应能力和敏锐的市场洞察力。他们需要时刻关注行业动态和技术前沿，及时调整自己的知识结构和技能组合，以适应市场变化和技术进步的需求。此外，他们还需要具备强大的心理承受能力和抗压能力，以应对工作中可能出现的各种挑战和困难。

在金融科技项目中，技术、产品、市场等多个团队的密切合作是推动创新与效率提升的关键。因此，金融科技人才不仅需要具备扎实的专业技能和独立工作能力，还需要具备良好的团队协作精神和跨学科合作能力。他们需要与不同领域的专家进行有效沟通与合作，共同解决项目中的难题。这种跨学科的合作方式不仅有助于促进知识的交流与融合，还能激发更多的创新思维和解决方案。

综上所述，金融科技人才的发展历程反映了金融与技术融合的动态变化。从早期的技术引入到互联网的兴起，再到如今人工智能和区块链技术的广泛应用，金融科技人才的培养也在不断演变。面对未来，金融科技人才需要具备更加全面的知识结构和跨学科的能力，以应对行业不断变化的挑战。随着全球金融科技的快速发展，培养具备国际视野和创新能力的高素质人才将是推动行业可持续发展的关键。

第三节　金融科技人才的分类与角色定位

一、管理型人才

管理型人才是金融科技企业的决策层与管理层，主要负责制定战略、管理团队和协调资源。他们需要具备深厚的金融知识以及丰富的行业经验，以便在复杂的市场环境中制定出有效的业务战略。此类人才的核心能力包括以下几种。

（一）战略思维

战略思维要求管理者不仅能够洞察当前的市场动态，更要具备预见未来的眼光。在金融科技这一快速迭代的行业中，技术革新、政策调整、市场需求变化等因素无时无刻不在影响着企业的发展轨迹。因此，管理型人才必须时刻保持对外部环境的高度敏感，通过持续学习、广泛交流以及深入分析，精准把握行业发展的脉搏。

具体而言，战略思维体现在以下几个方面：首先，对市场趋势的敏锐洞察。管理者需要密切关注金融科技领域的最新动态，如区块链、人工智能、大数据等前沿技术的应用进展，以及这些技术如何重塑金融行业的商业模式和服务模式。其次，战略决策的果断性。面对复杂多变的市场环境，管理者需要迅速做出判断，调整企业的战略方向，确保企业在激烈的市场竞争中占据有利地位。最后，战略执行的有效性。管理者需要制定切实可行的战略计划，并通过有效的组织和协调，确保战略目标的顺利实现。

（二）团队管理

团队是金融科技企业的基石，而管理型人才则是团队的灵魂。他们通过卓越的团队管理能力，将一群具有不同背景、不同技能的人才凝聚在一起，共同为企业的发展目标努力奋斗。团队管理不仅仅是招聘、培训和考核，更是一种艺术，需要管理者用心去感知每一位团队成员的需求和潜力，激发他们的创造力和工作热情。

在团队管理中，管理型人才需要注重以下几个方面：首先，建立清晰的团队愿景和目标。一个清晰的愿景能够激发团队成员的共鸣和动力，使他们更加专注于共同的事业。其次，构建良好的团队文化和氛围。一个积极向上的团队文化能够增强团队成员的归属感和认同感，促进团队内部的沟通和协作。最后，实施有效的激励机制。通过合理的薪酬设计、晋升机会和表彰奖励等方式，管理者可以激发团队成员的积极性和创造力，提升团队的整体绩效。

（三）跨文化沟通

在全球化日益加深的今天，金融科技企业越来越需要与国际市场接轨。这就要求管理型人才必须具备跨文化沟通的能力，以应对来自不同国家和地区的合作伙伴、客户和员工。跨文化沟通不仅仅是语言上的交流，更是文化、价值观和思维方式的碰撞与融合。

为了提升跨文化沟通的能力，管理型人才可以从以下几个方面入手：首先，增强自身的文化敏感性。通过学习和了解不同国家和地区的文化背景、历史传统和社会习俗等方面的知识，管理者可以更加深入地理解对方的文化差异和思维方式。其次，注重倾听和尊重。在跨文化沟通中，倾听对方的观点和意见是至关重要的。管理者需要保持开放的心态和尊重的态度，认真倾听对方的想法和需求，以便更好地建立信任和合作关系。最后，寻求共同点。尽管不同文化之间存在差异和分歧，但往往也存在共同点和相通之处。管理者可以通过寻找共同点来打破文化壁垒，促进双方的交流与合作。

二、技术型人才

技术型人才是金融科技创新的核心引擎，其角色不仅是编码与系统的构建，更是推动整个金融行业向智能化、高效化转型的关键力量。在这个日新月异的金融科技领域，技术型人才所掌握的知识与技能，不仅是技术层面上的深耕细作，更是对金融生态全面理解的体现。这类人才的核心能力包括以下几种。

（一）编程与开发能力

编程与开发能力，是技术型人才最基础也是最为核心的竞争力。在金融科技领域，这一能力不仅要求熟练掌握多种编程语言，如Python、Java、C++等，更需具备将这些技术灵活应用于复杂金融场景中的能力。Python以其简洁的语法和丰富的库支持，在数据分析、机器学习等领域大放异彩，成为金融科技项目中的常用语言；Java则以其强大的跨平台性和企业级应用支持，在金融系统后台开发中占据重要地位；而C++则以其高性能的特点，在需要极致运算效率的金融交易系统中发挥关键作用。

技术型人才还需熟悉各类开发工具与框架，如Git进行版本控制、Docker进行容器化部署、Kubernetes进行容器编排等，这些工具的使用能够显著提高开发效率，保障项目的顺利进行。同时，他们还需具备系统架构设计的能力，能够根据业务需求设计出高可用、可扩展、易于维护的系统架构，为金融产品的稳定运行提供坚实保障。

（二）数据分析能力

在大数据浪潮的推动下，数据分析能力已成为技术型人才不可或缺的一项技能。金融数据不仅庞大复杂，而且蕴含着巨大的商业价值。技术型人才需具备从海量数据中提取有用信息的能力，通过数据挖掘、机器学习等技术手段，揭示用户行为模式、预测市场趋势、评估信用风险等，为金融产品的优化与创新提供有力支持。

数据分析的过程，不仅是技术的较量，更是对金融业务深刻理解的体现。技术型人才需熟悉金融领域的专业术语与业务流程，能够将数据分析结果与金融业务场景紧密结合，提出切实可行的业务改进建议。此外，他们还需关注数据的安全性与隐私保护，确保在数据分析过程中不泄露敏感信息，维护用户与企业的合法权益。

（三）技术前瞻性

金融科技行业技术更新迅速，新兴技术层出不穷。技术型人才需具备对新兴技术的敏锐直觉和快速学习能力，以便在激烈的市场竞争中保持领先地位。他们需关注区块链、人工智能、云计算、物联网等前沿技术的发展动态，了解这些技术在金融领域的应用潜力与挑战，积极探索新技术在金融产品创新中的应用场景。

同时，技术型人才还需积极参与相关技术社区与学术交流活动，与同行分享经验、交流心得，拓宽视野、激发灵感。通过参与开源项目、撰写技术博客、发表学术论文等方式，不断提升自己的技术影响力和行业地位。这种持续学习的态度与开放合作的精神是技术型人才在金融科技领域不断前行的重要动力。

（四）团队协作能力

在金融科技公司中，开发工作往往不是孤立进行的，而是需要跨部门、跨团队的协作与配合。技术型人才需具备良好的团队协作能力，能够与其他部门成员有效沟通、紧密合作，共同推动项目的顺利进行。他们需理解并尊重其他部门的立场与需求，积极寻求共识与解决方案，确保产品能够满足用户需求并符合市场趋势。

此外，技术型人才还应具备一定的项目管理能力，能够合理规划项目进度、分配任务资源、监控项目风险，确保项目按时按质完成。在项目执行过程中，他们需密切关注团队成员的工作状态与进展情况，及时提供必要的支持与帮助，激发团队成员的积极性和创造力，共同打造高质量的金融科技产品。

三、分析型人才

在金融科技领域，分析型人才不仅是数据的守护者，更是决策的智慧源泉。他们的工作不仅是收集和处理数据，更是通过深入的数据挖掘和洞察，为公司的战略方向、产品优化以及市场策略提供坚实的支撑。分析型人才的核心能力包括以下几种。

（一）市场分析能力

在金融科技这个日新月异的行业中，市场动态和行业趋势的把握尤为关键。

分析型人才不仅要具备扎实的统计学和经济学基础，还需要对市场有敏锐的直觉和深入的理解。他们通过收集和分析海量的市场数据，如交易量、用户活跃度、竞争对手动态等，来揭示市场的真实面貌和潜在规律。

在竞争对手分析方面，分析型人才会运用SWOT（优势、劣势、机会、威胁）分析等工具，对公司的市场地位进行全面评估。他们不仅会关注竞争对手的产品功能、价格策略和用户口碑，还会深入挖掘其背后的技术实力、市场布局和战略意图。通过对比分析，他们能够帮助公司识别出自身的优势和不足，以及潜在的市场机会和威胁。

市场细分和用户画像则是分析型人才在理解市场时的另一大利器。他们通过聚类分析、因子分析等方法，将庞大的市场划分为若干个具有相似特征和需求的细分市场。同时，他们还会结合用户调查、访谈和数据分析等手段，构建出详细而精准的用户画像。这些画像不仅包括了用户的基本信息、消费习惯和行为模式，还深入了用户的心理层面和潜在需求。通过这些画像，公司可以更加精准地定位产品和服务，提高市场占有率和用户满意度。

（二）用户研究能力

在金融科技产品中，用户体验往往决定了产品的成败。因此，分析型人才需要深入了解用户的使用习惯和痛点，以便为产品设计和优化提供有力支持。

用户调查是用户研究的重要手段之一。分析型人才会设计科学合理的问卷和访谈提纲，通过线上或线下的方式收集用户的反馈意见。他们不仅关注用户对产品的整体评价和使用感受，还会深入挖掘用户在使用过程中的具体问题和建议。这些反馈意见将成为产品改进和优化的重要依据。

除了用户调查，分析型人才还会运用数据分析的方法深入了解用户行为。他们通过收集和分析用户的交易记录、浏览轨迹、点击行为等数据，来揭示用户的真实需求和偏好。这些数据不仅可以帮助公司优化产品功能和界面设计，还可以为个性化推荐和精准营销提供有力支持。

在用户研究的过程中，分析型人才还需要具备高度的同理心和敏锐的观察力。他们需要站在用户的角度思考问题，理解用户的真实需求和痛点。同时，他们还需要通过细致的观察和分析，发现用户在使用过程中的潜在问题和改进空间。这些发现将为公司提供宝贵的改进建议和优化方向。

（三）绩效评估能力

绩效评估能力是分析型人才在金融科技领域的另一项重要职责。他们需要通过关键绩效指标（KPI）和其他评估工具，对金融产品的表现进行监测和分析。这不仅能够帮助公司及时发现问题和隐患，还能为未来的产品开发和市场策略调整提供有力支持。

在绩效评估过程中，分析型人才会关注多个方面的指标和数据。首先，他们会关注产品的交易量、用户活跃度、留存率等核心指标，以评估产品的整体表现和市场竞争力。其次，他们会关注产品的用户满意度、投诉率等反馈指标，以了解用户对产品的真实评价和改进建议。最后，他们还会关注产品的技术性能、安全性等方面的指标，以确保产品的稳定性和可靠性。

通过对这些指标和数据的深入分析，分析型人才能够发现产品存在的问题和隐患，并提出相应的改进建议和优化方案。同时，他们还能够为公司的战略决策和业务调整提供有力支持。例如，在发现某个细分市场存在巨大潜力时，他们可以向公司建议加大对该市场的投入力度；在发现某个产品功能存在严重缺陷时，他们可以向研发团队提出具体的改进建议和优化方向。

（四）良好的沟通能力

除了上述核心能力，分析型人才还应具备良好的沟通能力。他们需要将复杂的数据和分析结果清晰地呈现给决策层和相关团队，以支持战略决策和业务调整。这要求他们具备撰写报告、制作演示文稿等能力，能够将数据转化为可理解、可执行的业务策略。

在沟通过程中，分析型人才需要注重语言的准确性和逻辑性。他们需要用简洁明了的语言阐述复杂的数据和分析结果，避免使用过多的专业术语和晦涩难懂的表述方式。同时，他们还需要注重沟通的方式和技巧，以便更好地与不同背景和需求的团队成员进行交流和合作。

此外，分析型人才还需要具备高度的责任心和团队合作精神。他们需要对自己的工作结果负责，确保数据的准确性和分析的可靠性。同时，他们还需要与团队成员紧密合作，共同推动项目的进展和目标的实现。通过良好的沟通和协作，分析型人才能够为公司创造更大的价值。

四、合规风险管理人才

随着金融科技领域的蓬勃发展，金融机构的运营环境日益复杂，对合规风险管理人才的需求也急剧增加。这一群体在维护金融稳定、保障消费者权益、预防非法金融活动等方面发挥着不可替代的作用。合规风险管理人才的核心能力包括以下几种。

（一）法律法规知识

合规风险管理人才所掌握的法律法规知识，不仅是其工作的基石，更是其职业发展的动力源泉。他们不仅要精通国内相关法律法规，如《反洗钱法》《个人信息保护法》《消费者权益保护法》等，还需对国际上的相关准则和最佳实践有深入了解，如巴塞尔协议、FATF（反洗钱金融行动特别工作组）标准等。这种跨地域、跨文化的法律素养，使他们能够在全球化的金融市场中游刃有余。

更为重要的是，合规风险管理人才还需具备快速学习和适应法律变化的能力。金融科技领域的快速发展往往伴随着新法规、新政策的不断出台，他们需要密切关注行业动态，及时掌握最新的法律法规动态，确保公司的业务活动始终符合最新的合规要求。这种持续学习的态度和能力，是他们保持职业竞争力的关键。

（二）风险评估能力

风险评估是合规风险管理工作的核心环节。合规风险管理人才需要运用专业的风险评估方法和技术，对金融业务的各个环节进行深入剖析，识别出潜在的合规风险点。他们不仅要关注传统的信用风险、市场风险，还要特别关注金融科技带来的新型风险，如技术风险、操作风险、数据风险等。

为了更准确地评估风险，合规风险管理人才通常会建立风险评估模型和监测工具。这些模型和工具基于大数据、人工智能等先进技术，能够实现对风险因素的实时监控和预警。通过数据分析，他们能够发现风险的变化趋势和规律，为公司的风险管理策略提供科学依据。

在制定风险管理策略时，合规风险管理人才还需考虑多种因素的综合影响。他们需要与业务部门紧密合作，了解业务需求和运营模式，确保风险管理策略既符合合规要求，又满足业务需求。同时，他们还需关注监管机构的政策导向和市场环境的变化，及时调整风险管理策略，以应对可能出现的风险挑战。

（三）沟通与协调能力

合规风险管理人才在金融机构中发挥着桥梁和纽带的作用。他们需要与各个业务部门保持密切联系，了解业务运营中的合规问题和需求，推动合规政策的落地执行。同时，他们还需与监管机构保持良好的沟通关系，及时了解政策动态和监管要求，确保公司的合规工作得到监管机构的认可和支持。

为了有效地推动合规文化的建立，合规风险管理人才还需具备出色的沟通和协调能力。他们需要通过各种渠道和方式，向员工普及合规知识，提高员工的合规意识。同时，他们还需通过培训和指导，帮助员工掌握合规技能和方法，确保员工能够在实际工作中自觉遵守合规要求。

此外，合规风险管理人才还需具备领导力和团队协作能力。他们需要带领团队完成复杂的合规项目和工作任务，确保团队成员之间的协作顺畅、高效。通过有效的领导和管理，他们能够激发团队成员的积极性和创造力，为公司的合规工作贡献更多的智慧和力量。

（四）应急处理能力

面对突发的合规事件或风险，合规风险管理人才需要具备高度的敏感性和应急处理能力。他们需要迅速了解事件或风险的具体情况和发展趋势，制定应对方案并立即实施。在应对过程中，他们需要保持冷静和理性，确保决策的科学性和合理性。

为了有效应对合规事件或风险，合规风险管理人才还需建立完善的应急管理机制和流程。这些机制和流程包括应急预案、应急演练、应急资源保障等方面。

通过定期的应急演练和培训，合规风险管理人才能够熟悉应急处理流程和方法，提高应对突发事件的能力和效率。

此外，合规风险管理人才还需注重事后的总结和反思。他们需要对每一次的合规事件或风险进行深入的剖析和反思，总结经验教训并不断完善应急管理机制和流程。通过不断的学习和改进，他们能够提高自身的应急处理能力和水平，为公司的稳健运营提供更加坚实的保障。

在金融科技不断发展的背景下，管理型人才、技术型人才、分析型人才和合规风险管理人才承担着不同的职责，共同推动金融科技的创新与应用。通过有效的人才培养与发展，金融科技公司将能够更好地应对市场挑战，提升竞争力，实现可持续发展。金融科技人才的多样性不仅反映了行业的复杂性，更为未来的创新提供了丰富的可能性。

第三章

传统金融人才培养模式回顾

第一节　传统金融人才培养模式的特点

一、课程设置的系统性

（一）学科交叉

学科交叉是金融教育系统性的重要体现。在这一框架下，金融学不再是一个孤立的知识体系，而是与经济学、管理学、法律乃至信息技术等多个学科紧密相连，共同编织成一张错综复杂但又井然有序的知识网络。这种跨学科的融合，不仅拓宽了学生的视野，更促进了他们思维方式的转变。

1. 经济学基础

作为金融学的基石，经济学理论为学生提供了理解市场运行机制、供需关系、价格形成等基本原理的钥匙。通过学习微观经济学与宏观经济学，学生能够洞察经济现象背后的深层逻辑，为后续的金融分析打下坚实基础。

2. 管理学融入

金融机构的运营与管理离不开管理学的支撑。在金融机构管理课程中，学生将学习到组织行为学、战略管理、风险管理等理论，这些理论将帮助他们理解金融机构的决策过程、组织结构及运营效率，从而提升其在实际工作中的管理能力。

3. 法律保障

金融市场的健康运行离不开法律。金融法规与合规管理课程不仅教授学生相关法律法规知识，还培养他们的法律意识与合规操作能力。这种法律素养的培养，对于学生在未来职业生涯中避免法律风险、维护金融秩序具有重要意义。

（二）理论与实践结合

理论与实践的紧密结合是金融教育系统性的显著特征。传统金融课程不仅注重理论知识的传授，更强调通过实践来巩固和深化学生的理解。这种教学模式有助于学生在掌握理论知识的同时，积累丰富的实践经验，提升其解决实际问题的能力。

1. 案例教学

在金融市场与投资、财务管理等课程中，案例教学被广泛应用。通过分析真实的金融案例，学生可以直观地了解市场动态、投资策略、财务分析等实际操作过程，从而加深对理论知识的理解和记忆。此外，案例教学还能提升学生的思考能力和创新意识，培养他们在复杂金融环境中做出合理决策的能力。

2. 模拟实训

为了进一步提升学生的实践能力，许多金融教育机构还引入了模拟实训系统。这些系统能够模拟真实的金融市场环境，让学生在虚拟环境中进行投资、交易、风险管理等操作。通过模拟实训，学生可以亲身体验金融市场的波动与风险，培养其应对市场变化的能力，为未来的职业生涯做好准备。

（三）渐进式学习

渐进式学习是金融教育系统性的重要保障。遵循从基础到深入、从易到难的原则，传统金融课程为学生构建了一个系统的知识框架。这一框架不仅有助于学生逐步深化对金融知识的理解，还能帮助他们建立起清晰的知识脉络和逻辑体系。

1. 基础课程打基础

在初级阶段，金融课程侧重于基础知识的传授，如基础经济学、会计学原理等。这些课程为学生搭建了金融知识体系，使他们能够初步掌握金融领域的基本概念、原理和方法。

2. 核心课程深化理解

随着学习的深入，学生将接触到金融市场与投资、财务管理、金融机构管理等核心课程。这些课程在巩固基础知识的同时，进一步拓展了学生的知识面，使他们能够更全面地理解金融市场的运作机制、投资策略和风险管理等核心内容。

3. 高级课程提升素养

在高级阶段，金融课程更加注重对学生专业素养和综合素质的培养。通过开设金融工程、风险管理、国际金融等高级课程，学生可以接触到更为复杂和前沿的金融理论和实践问题，从而提升其分析问题、解决问题的能力以及创新思维和跨文化交流的能力。

二、实践教学的重要性

在传统金融人才培养模式的深入剖析中，我们可以发现，实践教学不仅是理论知识的延伸与验证手段，更是塑造未来金融行业精英不可或缺的一环。其精髓在于将抽象的金融理论转化为具体可行的操作技能，使学生在面对真实金融世界时能够游刃有余。

（一）实习机会

金融机构提供的实习岗位，往往覆盖了从前台服务到后台管理的各个环节，为学生提供了全面接触金融业务的窗口。在这个过程中，学生不仅需要将课堂上学到的理论知识应用于实际工作中，如风险管理、财务分析、产品设计等，还要学会如何在职场中有效沟通、团队协作以及应对突发状况。这种"学中做，做中学"的方式，极大地缩短了理论知识与实际操作之间的距离，使学生能够快速适应职场环境、提升职业素养。

尤为重要的是，实习经历为学生搭建了展示自我、积累经验的平台。金融机构在招聘时，往往倾向于具有实习经历的应聘者，因为他们相信这样的候选人能够更快地融入团队，为公司创造价值。因此，实习机会不仅增强了学生的专业技能，更在无形中提升了他们的就业竞争力，为未来的职业发展奠定了坚实的基础。

（二）模拟训练

在金融实验室和模拟交易平台上，学生可以模拟真实的金融市场环境，进行股票交易、期货操作、外汇买卖等实践活动。这种训练方式不仅帮助学生熟悉了金融市场的运作机制，还让他们在实际操作中学会了如何分析市场趋势、制定投资策略、管理投资风险。

值得一提的是，模拟训练中的失败与挫折，对于学生而言同样是宝贵的财富。它们促使学生反思自己的操作策略，总结经验教训，从而在未来的实际操作中更加谨慎、理性。此外，模拟训练还培养了学生的心理素质，使他们能够在面对市场波动时保持冷静，做出正确的决策。

（三）项目导向学习

项目导向学习模式，强调以解决实际问题为导向，通过团队合作完成具体项目或课题研究。这种学习方式不仅锻炼了学生的专业技能，更在无形中培养了他们的团队合作、项目管理及创新能力。

在项目实施过程中，学生需要综合运用所学知识，分析项目背景、明确目标、制订计划、执行操作并最终评估成果。这一系列流程不仅考验了学生的专业技能水平，更要求他们具备良好的组织协调能力、沟通能力和创新思维。通过参与项目，学生学会了如何在团队中发挥自己的长处，与他人协作完成任务；同时，他们也学会了如何在面对复杂问题时，灵活运用所学知识，提出创新性的解决方案。

更为关键的是，项目导向学习模式让学生提前体验了金融行业的真实工作场景。他们需要关注市场动态、分析客户需求、设计金融产品并评估市场反应。这些经历不仅让学生对自己的职业规划有了更清晰的认识，也让他们对未来可能面临的职业挑战有了更加充分的准备。

三、师资队伍的专业性

在金融教育的广阔天地中，传统金融人才培养的师资队伍所展现出的专业性，无疑是构筑高质量教育体系不可或缺的基石。这一特点不仅体现在教师个体深厚的学术造诣与实战经验上，更在于整个教师团队如何协同作用，共同塑造出既符合市场需求又具备前瞻视野的金融人才。

（一）学术背景与实践经验的深度融合

在传统金融人才培养体系中，教师的学术背景与实践经验被视为两大支柱，二者相辅相成，共同支撑起教育的质量与高度。学术背景为教师提供了坚实的理论基础和严谨的研究方法，使他们能够深入浅出地讲解金融理论，引导学生探索金融学的奥秘。而实践经验，则是教师将理论知识转化为实际操作能力的关键。这些教师曾在金融机构、咨询公司或监管机构等一线工作，亲身经历过市场的风云变幻，对金融行业的运作机制、业务流程及挑战有着深刻的理解。因此，他们能够将复杂的金融现象以生动的案例形式呈现给学生，帮助学生更好地理解理论知识在实践中的应用，从而培养学生的实践能力和解决问题能力。

（二）持续的职业发展与知识更新

金融行业是一个日新月异的领域，新技术、新产品、新政策层出不穷。为了保持与金融市场的同步，传统金融人才培养的师资队伍必须保持高度的学习热情和持续的职业发展动力。他们通过参加国内外高水平的行业会议、专业培训、学术交流等活动，不断吸收最新的研究成果和行业动态，拓宽自己的知识视野。同时，许多教师还积极参与科研项目，将研究成果转化为教学内容，使课堂教学始终与学术前沿保持紧密联系。这种持续的职业发展和知识更新，不仅提升了教师个人的专业素养，也为学生提供了接触最新金融知识和技术的机会，激发了他们的学习兴趣和创新精神。

（三）跨学科协作与综合素养提升

传统金融教育强调跨学科协作的重要性，这一理念在师资队伍的构成上得到了充分体现。金融学科本身就是一个高度交叉的领域，它融合了经济学、数学、统计学、计算机科学等多个学科的知识。因此，在金融人才培养过程中，需要来自不同学科背景的教师共同参与，形成多元化的教学团队。这些教师能够从各自的专业领域出发，为学生提供全面而深入的知识支持。例如，经济学教师可以帮助学生理解金融市场的运行规律和宏观经济政策的影响；数学和统计学教师可以教授学生量化分析的方法和工具；而计算机科学教师则可以引导学生掌握金融科技的前沿技术。这种跨学科的教学模式，不仅促进了学生专业知识的广度和深度拓展，还提升了他们的综合素养和跨领域合作能力，为他们未来的职业发展奠定了坚实的基础。

四、重视职业资格

在传统金融人才培养模式中，对于职业资格的重视不仅深刻影响着学生的学业规划，更在无形中塑造着他们的职业生涯。这一特点，在多个维度上展现了其独特的价值与深远的意义。

（一）职业资格培训

高校纷纷设立专项课程，旨在为学生铺设一条通往专业巅峰的道路。这些课程不仅涵盖了CFA（特许金融分析师）、FRM（金融风险管理师）等国际公认的金融职业资格证书所要求的核心知识，还通过模拟考试、案例分析、专家讲座等多种形式，让学生在理论与实践的交融中深化理解、提升能力。这一过程，不仅是对学生专业知识的全面考查，更是对其学习意志与自我驱动力的极大考验。当学生手握这些沉甸甸的资格证书时，他们收获的不仅仅是专业能力的增强，更是对未来职业生涯的一份坚定自信与无限憧憬。

（二）职业导向的课程设计

高校在课程设置上，紧密围绕金融职业资格证书的考试要求，精心构建了一个既系统又实用的知识体系。从基础的经济学原理、金融市场分析，到高深的金融衍生品定价、风险管理策略，每一门课程都是通往成功之路的一块基石，为学生搭建起了一座通往职业巅峰的桥梁。这种课程设计，不仅让学生在学习过程中清晰地感受到了自己的成长轨迹，更为他们指明了未来的职业发展方向。学生们在掌握必要理论和实务经验的同时，也逐步明确了自己的职业定位与人生目标。

（三）与行业认证机构合作

高校与行业认证机构之间的深度合作，为传统金融人才培养模式注入了新的活力。在这种合作模式下，高校不仅能够获得行业前沿的资讯与资源，还能够将最新的行业动态与理论研究成果融入教学内容之中，使教学更加贴近实际、更具针对性。同时，行业认证机构也通过提供实习机会、职业规划指导等服务，进一步加深了与高校及学生之间的联系。这种双赢的合作模式，不仅为学生提供了更为丰富的学习资源和实践平台，也为他们搭建起了一座连接校园与职场的桥梁。学生们在参与联合培养项目的过程中，不仅能够提前接触到行业的真实面貌，还能够通过与行业专家的交流互动，拓宽视野、增长见识，为未来的职业生涯奠定坚实的基础。

传统金融人才培养模式以其系统性的课程设置、重视实践教学、专业的师资队伍以及对职业资格的重视，形成了独特的教育体系。这些特点共同为培养高素质的金融人才奠定了坚实的基础，尽管在金融科技快速发展的今天，该模式面临着一些挑战，但其核心优势依然为行业发展提供了重要支持。

第二节 传统模式在金融科技时代的局限性

一、课程内容的滞后性

在金融科技这一领域的迅猛推进下，传统金融课程的内容滞后性问题越发凸显，这不仅关乎学生知识的时效性，更直接影响到他们未来在职场中的竞争力与适应性。这种滞后性主要体现在以下几个方面。

（一）新兴技术教育的缺失

金融科技的核心在于技术创新，它深度融合了金融与信息技术，为传统金融体系带来了前所未有的变革。然而，传统金融课程在这一点上显得尤为不足，其课程设置往往聚焦于古典金融理论，如资本结构理论、投资组合理论等，这些固然是金融学的基石，但在当今这个数字化、智能化的时代，它们已不足以支撑学生全面理解金融市场的运作机制。

1. 技术应用的忽视

区块链、人工智能、大数据分析等新兴技术正逐步重塑金融业态，从支付结算、信贷融资到风险管理、投资决策，无一不渗透着技术的力量。然而，许多传统金融课程并未将这些技术纳入教学范畴，导致学生对这些前沿领域的认知仅停留在表面，难以深入理解和应用。这种知识结构的缺失，使学生在面对复杂多变的金融市场时，缺乏必要的工具与手段，限制了其创新能力和解决问题的能力。

2. 技能需求的错位

金融科技的发展要求从业者不仅精通金融知识，更要具备跨学科的技术能力。然而，传统金融教育往往忽视了对学生技术素养的培养，导致学生毕业后在求职市场上难以找到合适的工作。即便进入金融行业，也可能因为技术能力的不足而难以胜任高端岗位，进而影响其职业发展。

（二）课程更新速度的滞后

随着金融科技的快速发展，金融行业的面貌日新月异。然而，高校金融课程的更新速度却远远跟不上市场的变化，这种脱节现象严重制约了教育质量的提升。

1. 课程体系的僵化

传统金融课程体系往往遵循固定的教学大纲，难以灵活调整以适应市场的变化。即使部分高校尝试引入金融科技相关课程，也往往因为师资力量、教学资源等限制而难以深入展开。此外，课程之间的衔接性不足，也使学生在构建完整知识体系时面临困难。

2. 行业动态的滞后

金融市场的变化往往具有高度的不确定性和快速性，而高校课程的更新往往需要经过复杂的决策程序和审批流程，这导致了课程内容与市场需求的严重脱节。例如，当大数据风控成为金融行业的新趋势时，许多高校可能还在讲授传统的信用评估方法；当区块链技术在金融领域的应用日益广泛时，学生可能对此一无所知。

3. 沟通机制的缺失

课程设计者与行业从业者之间的有效沟通是确保课程内容与时俱进的关键。然而，在现实中，这种沟通机制往往不够健全，导致课程设计者难以准确把握行业发展的最新动态和需求变化，进而影响了课程内容的时效性和针对性。

（三）实践案例的匮乏

金融学科是一门实践性很强的学科，而传统金融课程在实践教学方面却存在明显不足。尤其是金融科技领域，其实践性和应用性更是远超传统金融领域。然而，许多高校在金融科技课程的教学过程中，仍然依赖教科书和经典案例进行教学，这种教学方式已难以满足现代金融教育的需求。

1. 案例教学的局限性

经典案例虽然具有代表性和启发性，但它们往往无法全面反映金融科技的最新发展和实际应用情况。特别是在金融科技领域，新技术、新模式层出不穷，传统案例往往无法涵盖所有重要的实践场景和问题。因此，仅仅依靠经典案例进行教学，难以使学生真正理解和掌握金融科技的精髓。

2. 实践环节的缺失

实践教学是连接理论与实践的桥梁，也是培养学生综合能力和创新能力的重要途径。然而，在传统金融课程中，实践环节往往被忽视或弱化。即使设置了实践课程或实验环节，也往往因为教学资源不足、师资力量有限等而难以达到预期的效果。这种实践环节的缺失，使学生难以将所学知识应用于实际情境中，进而影响了他们的学习效果和职业发展。

3. 数据资源的匮乏

金融科技领域的数据资源极其丰富且价值巨大，但传统金融课程往往难以获取和利用这些资源。一方面，高校与金融机构之间的数据共享机制不够健全；另一方面，高校自身在数据处理和分析方面的能力也有待提升。因此，在金融科技课程的教学过程中，学生往往难以接触到真实、有效的数据资源，这在一定程度上限制了他们的学习效果和创新能力。

二、培养目标的单一性

传统金融人才培养的目标主要集中在培养具备基础金融知识和技能的专业人才上，而忽视了综合素质和创新能力的培养。这种单一性带来了以下问题。

（一）创新意识不足

在传统金融教育的框架下，学生的主要任务是掌握扎实的金融理论知识与基础技能，这种"填鸭式"的教学方式虽能在短期内提升学生的专业素养，却无形中抑制了他们的创新思维与批判性思考能力。金融科技的飞速发展，要求从业者不仅要精通传统金融工具与理论，更需具备敏锐的洞察力与前瞻性的思维，能够预见市场趋势、引领行业变革。然而，当前的教育体系往往忽视了对学生创新精神的激发与培养，导致学生毕业后在面对日新月异的金融市场时，显得不知所措，难以提出具有创新性的解决方案。

此外，创新意识的缺失还体现在学生对新技术、新方法的接受度上。在金融科技领域，区块链、人工智能、大数据等新兴技术层出不穷，它们正逐步改变着金融业的运作模式与服务形态。然而，传统金融教育往往滞后于这些技术的发展，学生在校期间难以接触到最前沿的科技动态，更无法将其融入金融实践中去。这种信息与技术的脱节，进一步抑制了学生创新能力的发挥。

（二）应变能力不足

金融市场以其高度的复杂性与不确定性著称，任何细微的变化都可能引发连锁反应，对从业者的应变能力提出极高要求。然而，传统金融教育在培养学生的应变能力方面显得力不从心。一方面，课程设置往往偏重于理论知识的传授，缺乏足够的实战演练环节，学生难以将所学知识应用于解决实际问题中；另一方面，即使设置了模拟交易、案例分析等实践课程，也往往因为缺乏真实的市场环境与压力测试，而难以达到预期的教学效果。

这种应变能力的不足，在学生步入职场后表现得尤为明显。面对瞬息万变的金融市场与突如其来的市场冲击，他们往往显得手足无措，难以迅速调整策略、制定应对措施。这不仅影响了个人职业生涯的发展，更可能对整个金融机构乃至整个金融市场的稳定造成不利影响。

（三）跨学科能力不足

随着金融科技的深度融合与跨界发展，具备跨学科知识背景的复合型人才成为市场上的稀缺资源。在金融科技的浪潮下，金融、技术、管理等多个领域的知识相互交织、相互影响，形成了一个复杂而庞大的知识体系。只有掌握了这一体系中的多个关键要素，才能在金融科技领域游刃有余地开展工作。

然而，现实却是残酷的。传统金融教育往往将金融知识视为唯一的教学重点，忽视了对学生技术素养、管理能力等其他方面能力的培养。这种单一化的教学模式，不仅限制了学生知识结构的多元化发展，更使他们在面对复合型金融科技项目时手足无措。为了弥补这一缺陷，许多学生不得不通过自学或参加课外培训来拓宽自己的知识视野，这无疑增加了他们的学习负担与成本。

三、实践教学的不足

实践教学在金融人才培养中占据重要地位，但在传统模式下，实践教学的实施往往存在不足之处。这种不足主要体现在以下几个方面。

（一）实习机会的有限性

1. 资源分配不均的现状

顶尖高校凭借其强大的品牌影响力、雄厚的师资力量以及广泛的业界联系，往往能够为学生提供更多元、更高质量的实习机会。相比之下，一些非重点或地方院校的学生则面临着实习资源匮乏的困境。这种资源分配的不均衡，进一步加剧了金融人才市场的两极分化。

2. 校企合作的深度与广度

尽管许多高校意识到了与金融机构建立紧密合作关系的重要性，但在实际操作中，往往出于种种原因（如沟通不畅、利益诉求不一致等）导致合作效果大打折扣。这直接影响了学生获得优质实习岗位的可能性。因此，加强校企合作的深度与广度，探索建立长期稳定的合作关系，成为打破实习机会有限性的关键所在。

3. 实习岗位的局限性与挑战性

部分高校在安排实习时，往往侧重于行政或简单的岗位，忽略了金融实务操作的复杂性和多样性。这种安排虽然能在一定程度上帮助学生了解了金融机构的运作流程，但难以让他们真正接触到核心业务和高端技能。因此，高校在安排实习时，应更加注重岗位的针对性和挑战性，让学生在实习过程中能够获得更丰富的实践经验和更深刻的职业认知。

（二）模拟训练的缺乏

模拟训练作为实践教学的重要组成部分，其重要性在于为学生提供一个接近真实的金融环境进行实际操作。然而，在许多传统金融课程中，模拟训练环节往往较为薄弱。

1. 教学内容的局限性

许多金融实验室在设计和开发模拟软件时，往往只涵盖了基础的金融操作和业务流程，忽略了复杂多变的金融市场环境和创新金融工具的应用。这导致学生在模拟训练中难以接触到前沿的金融理论和实践操作，从而限制了他们的视野和能力。

2．操作体验的单一性

受技术和资源的限制，许多模拟训练往往只停留在简单的操作演示层面，缺乏对学生综合能力和应变能力的考查。这种单一的操作体验使学生在面对真实的金融问题时显得不知所措，难以将所学知识灵活运用。

3．互动与反馈的缺失

在模拟训练中，学生往往只是被动地接受操作指导和结果反馈，缺乏与教师或同学的深入交流和讨论。这种单向的教学模式不仅限制了学生的学习动力和创新思维，也难以让学生及时发现和纠正自己在实践中的错误和不足。

（三）实践与理论的脱节

实践与理论的脱节是传统金融教育中普遍存在的问题之一。这种脱节不仅影响了学生对知识的理解和记忆，也制约了他们在职场中的表现和发展。

1．知识体系的割裂

在传统教育模式中，理论知识和实践操作往往被分割成两个独立的部分。这种割裂导致学生在学习理论时缺乏实际案例的支撑和验证，难以形成完整的知识体系；而在实践操作时又往往因为缺乏理论指导而显得盲目和低效。

2．教学方法的单一性

许多金融课程仍然采用传统的讲授式教学方法，强调理论知识的传授而忽视实践操作的培养。这种单一的教学方法不仅难以激发学生的学习兴趣和动力，也难以让他们在实践中灵活运用所学知识。

3．案例教学的局限性

虽然案例教学在一定程度上能够帮助学生将理论知识与实际案例相结合，但现有的案例教学往往侧重于案例的描述和分析而忽视了对实践操作过程的模拟和演练。这导致学生在面对真实的金融问题时仍然难以做出准确的判断和决策。

四、与行业需求的脱节

（一）缺乏行业合作

从行业合作的角度来看，其松散性不仅仅表现为交流频率的低下或形式的单一，更在于合作机制的不健全与双方目标的错位。高校与金融机构之间的合作，往往停留于表面的讲座、实习或项目合作，缺乏长期、持续且深入的交流机制。这种"浅尝辄止"的合作方式，难以形成对教育内容与行业需求之间动态调整的敏锐洞察。同时，金融机构出于保护商业秘密、维持运营稳定等方面的考虑，往往不愿将最前沿的业务知识和技术细节透露给外部教育机构，进一步加剧了信息不对称的现象。

此外，双方在合作目标上的不一致也是合作松散的重要原因。高校可能更注重学术研究与理论体系的构建，而金融机构则更关注业务实践与利润增长。这种目标上的差异，使得双方在合作过程中难以找到共同的利益点，进而影响了合作的深度和广度。

（二）课程设计脱节

课程设计作为教育体系的核心环节，其脱节现象背后隐藏着更为复杂的内在逻辑。

一方面，学术界的研究往往具有前瞻性和理论性，但这也导致了其与实际业务操作之间存在一定的距离。尤其是在金融科技这一快速发展的领域，新的技术、理念和模式层出不穷，而学术界的反应往往滞后于市场变化。因此，由学术界主导的课程设计，很容易陷入"闭门造车"的困境，无法及时反映行业前沿动态。

另一方面，课程设计过程中的行业参与度不足也是脱节现象的重要原因。虽然一些高校尝试邀请行业专家参与课程设计，但这种参与往往局限于个别课程或模块，难以形成系统性的影响。此外，行业专家由于工作繁忙等，往往难以投入足够的时间和精力来深入研究教学内容和教学方法，这也限制了他们在课程设计中的作用发挥。

（三）就业市场变动

金融科技的兴起不仅改变了金融行业的格局，也对就业市场产生了深远的影响。

一方面，新兴职位如区块链工程师、大数据分析师、人工智能金融顾问等不断涌现，对人才的需求急剧增加。然而，传统金融教育模式所培养的学生往往缺乏这些新兴领域所需的专业知识和技能，导致他们在求职过程中面临巨大挑战。

另一方面，就业市场的快速变化也要求学生具备更强的适应能力和创新思维。然而，传统教育模式往往过于注重知识的传授和应试能力的培养，忽视了学生的实践能力和创新思维的培养。这种教育模式下的学生，在面对复杂多变的就业市场时，往往显得力不从心。

第三节　传统金融人才向金融科技人才的转型挑战

一、知识更新的迫切性

在金融科技日益成为主流的今天，传统金融人才面临着必须迅速更新知识体系的压力。传统金融知识往往无法满足金融科技行业对新兴技术和新理论的需求，因此，知识更新的迫切性体现在以下几个方面。

（一）新兴技术的学习

金融科技的核心在于运用新技术来提升金融服务的效率和安全性。传统金融从业者需要掌握如区块链、人工智能、大数据分析等新技术的基础知识和应用能力。这一转变不仅是对新知识的简单吸收，更是对新技术在金融服务中的实际应用能力的提升。例如，传统的信贷审批流程在金融科技的帮助下，逐渐引入机器学习算法以提高审批效率，这要求从业者具备一定的数据分析能力。此外，区块链技术的应用在透明度和安全性方面的优势，也促使传统金融人才需要了解其工作原理及在金融交易中的潜在应用。

（二）更新思维方式

传统金融行业往往强调稳健和风险控制，而金融科技则更强调灵活性与创新。这种思维方式的转变要求金融人才在解决问题时能够更具创造性。例如，面对复杂的市场变化，金融科技从业者需要具备快速调整策略的能力，而这与传统金融的规范化流程形成鲜明对比。金融科技环境中的不确定性和快速变化，促使传统金融人才必须培养应对变化的敏捷思维，适应不断变化的市场需求和客户期望。

（三）行业知识的扩展

金融科技的快速发展使金融行业的知识体系不断丰富，涵盖了金融法、信息技术、数据科学等多个领域。传统金融人才需要不断扩展自身的知识面，以便在多元化的工作环境中灵活应对各种挑战。这种跨学科的知识结构不仅提升了他们的职业竞争力，也帮助他们在新的工作环境中更好地融入。例如，了解大数据分析能够帮助传统金融人才在客户风险评估和市场预测中做出更加精准的判断。

二、技能的多样化要求

金融科技行业对从业者的技能要求日益多样化，传统金融人才在转型过程中必须面对以下几种技能的提升与适应。

（一）数据分析与处理能力

在金融科技环境中，数据被视为新的"石油"。传统金融人才需要掌握基本的数据分析工具与技术，如Excel、Python或R语言等，能够处理和分析大量数据以支持决策。数据分析不仅涉及数值的统计与解读，还包括对市场趋势的预测、客户行为的分析以及风险的评估。这种技能的提升将直接影响他们在金融科技岗位上的表现和竞争力。

（二）编程与技术理解能力

金融科技的运作离不开程序和算法的支持，传统金融人才在转型中应增强对编程语言的理解与应用能力。虽然并不要求每位从业者都成为专业程序员，但具备基本的编程能力，能够更好地与技术团队协作，理解产品的实现过程及其潜在风险。例如，了解基本的API使用和数据接口的工作机制，将帮助金融人才在跨部门合作中更有效地沟通。

（三）用户体验设计能力

在金融科技领域，客户体验至关重要。传统金融人才需要学习如何将客户需求与金融产品设计相结合，提升用户体验。这不仅需要理解用户的行为和心理，更需要掌握基本的设计思维，能够从用户的角度出发进行产品优化。通过与用户体验设计团队的密切合作，传统金融人才可以更好地参与到产品开发的各个环节，确保最终产品符合市场需求。

三、行业认知的转变

金融科技的发展不仅改变了金融服务的提供方式，还重塑了从业者对行业的认知。传统金融人才需要面对以下几方面的认知转变。

（一）从产品导向到客户导向

传统金融服务往往集中在产品的销售和推广上，而金融科技则更加注重客户需求的洞察与满足。这种转变要求从业者不仅要了解金融产品的特点，更要关注客户的真实需求和使用体验。传统金融人才在转型中，需要增强对客户数据的分析能力，以便根据客户的行为和反馈进行产品改进和服务提升。

（二）从单一竞争到生态竞争

在金融科技时代，竞争的格局变得更加复杂，传统金融人才需要认识到金融科技公司与传统金融机构之间的协作与竞争关系。金融科技企业通常在创新速度、灵活性及客户服务等方面具备优势，因此，传统金融人才需要重新审视自己的定位，在新生态中寻找合作机会和竞争策略。

（三）从局限于国内到放眼国际

金融科技的迅速发展使市场竞争不再局限于国内，国际化视野变得尤为重要。传统金融人才需要关注国际市场的动态，了解不同国家和地区的金融科技发展趋势及监管政策。这种全球化视角将使他们能够更好地把握市场机遇、开展国际合作、提升自身在全球竞争中的地位。

四、职业路径的重塑

随着金融科技的发展，传统金融人才的职业路径也发生了显著变化。以下是转型过程中需要关注的几个方面。

（一）多元化的职业选择

传统金融人才往往在银行、证券、保险等机构中工作，而金融科技的兴起使从业者的职业选择变得更加多样化。金融科技公司、创业企业以及咨询公司等新兴行业为金融人才提供了更多的职业发展机会。传统金融人才在转型中，应积极探索新兴岗位和领域，如产品经理、数据分析师等，找到最适合自己的发展方向。

（二）职业发展的灵活性

金融科技行业的快速变化要求从业者具备更高的职业灵活性。在这个动态环境中，传统金融人才需要适应不断变化的市场需求，及时调整自己的职业发展路径。这种灵活性不仅体现在岗位的选择上，还包括对工作方式和思维模式的灵活调整。具备适应变化的能力将使他们能够在新环境中快速成长。

（三）终身学习的必要性

在金融科技时代，终身学习已成为从业者的必然选择。面对不断变化的行业和技术，传统金融人才需要通过持续学习，保持自身的竞争力。这不仅包括参加专业培训、在线学习课程，还需要通过行业交流、研讨会等方式，及时获取行业动态和技术更新。这种学习态度将帮助他们在转型过程中更好地适应新角色与新挑战。

五、心理适应的难题

传统金融人才在向金融科技人才转型过程中，还面临着心理适应方面的挑战。

（一）不确定性与压力

金融科技行业的快速变化和不确定性可能使传统金融人才感到压力。在传统金融环境中，流程相对固定且可预期，而金融科技则充满了变化和挑战。这种不确定性需要从业者具备强大的心理素质，能够在高压环境中保持冷静，并迅速做出反应。面对技术的快速更新和市场的激烈竞争，从业者需要培养应对压力的能力，以便在复杂情况下保持高效工作。

（二）对新环境的恐惧

许多传统金融人才可能对转型感到不安，尤其是在面对新技术、新角色时，可能产生抵触情绪。这种恐惧源于对自身能力的怀疑以及对未知环境的陌生感。为了克服这种恐惧，传统金融人才需要在学习和实践中不断增强自信，主动参与到金融科技的项目中，逐步适应新的工作环境和团队合作方式。

（三）职业认同感的变化

转型过程中，传统金融人才的职业认同感也可能受到挑战。在传统金融行业中，他们往往因金融专家的身份而感到自豪，而在金融科技环境中，这种身份认同可能变得模糊。为了重新建立职业认同感，传统金融人才需要在新领域中找到自我价值，主动参与行业讨论和专业认证，以增强自身的专业形象和社会认同。

第四章

金融科技人才培养模式创新的必要性

第一节　金融行业发展的必然趋势

一、技术驱动的金融创新

在当今数字化时代，技术已成为推动金融行业创新的主要动力。信息技术的进步，尤其是互联网、大数据、人工智能和区块链技术的广泛应用，极大地推动了金融服务的变革。

（一）互联网的普及

在深入探讨互联网技术对金融服务所带来的深远变革时，我们不难发现，其影响力远不止提升了便捷性和拓宽了覆盖面。互联网技术以其独特的优势，正在逐步重塑金融行业的服务模式和价值体系。

从技术层面分析，互联网技术的迅猛发展，特别是大数据、云计算、人工智能等前沿科技的融合应用，为金融服务的智能化、个性化提供了坚实的技术支撑。这些技术使金融机构能够迅速捕捉并分析用户行为数据，精准描绘用户画像，从而为用户提供更加贴心、定制化的金融服务。例如，基于用户的消费习惯和风险偏好，金融机构可以智能推荐适合的理财产品或信贷方案，极大地提升了金融服务的针对性和有效性。

从市场层面来看，互联网金融的兴起打破了传统金融服务的地域和时间限制，使金融服务更加普及和公平。无论是身处繁华都市还是偏远乡村，只要有网络连接，用户就能享受到便捷的金融服务。这种普惠性不仅激发了更多人的金融需求，也促进了金融市场的繁荣和发展。同时，互联网金融平台通过降低门槛、简化流程等方式，让更多的人有机会参与到金融活动中来，进一步推动了金融市场的多元化和包容性。

另外，互联网金融还促进了金融服务的创新和发展。在互联网技术的推动下，金融机构不断探索新的业务模式和服务场景，如移动支付、网络借贷、数字货币等新型金融业态的涌现，不仅丰富了金融市场的产品种类和服务形式，也为金融机构带来了新的增长点。此外，互联网金融还促进了金融与其他行业的深度融合，如金融科技与医疗、教育、零售等领域的跨界合作，为传统行业注入了新的活力和动力。

（二）大数据的应用

大数据技术正逐步重塑金融机构的运营模式和决策框架，使其能够更加精准地洞察客户行为、把握市场脉搏以及有效管理风险。这一变革的核心在于对海量、多样化数据的深度挖掘与分析，它如同一把钥匙，解锁了数据背后的深层含义，为金融机构提供了前所未有的洞察力和决策支持。

在客户行为分析方面，大数据技术赋予了金融机构前所未有的细致入微能力。通过收集和分析客户交易记录、浏览行为、社交媒体互动等多维度数据，金融机构能够构建出每个客户的独特画像，理解其偏好、需求和潜在风险。这种个性化的客户洞察不仅提升了客户满意度和忠诚度，还为金融机构定制更加贴合客户需求的金融产品打下了坚实基础。例如，基于客户的消费习惯和财务状况，金融机构可以推荐个性化的信用卡、贷款或投资方案，实现服务的精准匹配。

市场趋势的把握同样受益于大数据技术的广泛应用。在快速变化的金融市场中，大数据为金融机构提供了实时的市场监测和预测能力。通过对宏观经济数据、行业动态、竞争对手信息等海量数据的综合分析，金融机构能够提前识别市场趋势和潜在机遇，为投资决策和业务拓展提供有力支持。此外，大数据分析还有助于金融机构发现市场中的异常波动和潜在风险点，及时采取应对措施，保障业务稳健运行。

在风险管理领域，大数据技术同样发挥着关键作用。通过构建复杂的数据模型和算法，金融机构能够实现对信贷风险、市场风险、操作风险等各类风险的全面监测和评估。例如，在信贷审批过程中，大数据技术可以自动分析申请人的信用记录、收入状况、负债情况等多个维度信息，快速识别潜在的信用风险点，为审批决策提供科学依据。同时，大数据分析还可以帮助金融机构优化信贷政策、调整信贷结构，提高资金使用的安全性和效率。

（三）人工智能的引入

人工智能技术的深度融入，正引领着金融服务领域发生一场前所未有的变革。其影响力不再局限于提升服务效率和降低人力成本这一层面，更深层次地，它正在重塑金融服务的本质，使之更加个性化、精准化和高效化。

智能客服系统的出现，是人工智能技术在金融领域应用的一个缩影。这些系统不仅能够实现每天24小时不间断服务，更重要的是，它们能够通过自然语言处理技术，理解并回应客户的复杂需求。随着机器学习的不断深入，智能客服还能根据客户的历史交互记录，不断优化其回复逻辑和内容，使服务更加贴心和个性化。这种"懂你"的能力，极大地提升了客户体验，增强了客户对金融服务的信任度和满意度。

智能投顾则是人工智能在金融投资领域的又一杰作。它利用大数据分析和机器学习算法，为投资者提供个性化的投资建议和资产配置方案。与传统的投资顾问相比，智能投顾不受情感、经验等主观因素的干扰，能够更加客观、理性地分析市场趋势和资产价值。同时，智能投顾还能根据投资者的风险偏好和投资目标，动态调整投资组合，实现资产的保值增值。这种精准化和智能化的投资服务，为投资者带来了前所未有的便利和收益。

然而，人工智能技术的广泛应用也对金融从业者提出了新的挑战。为了更好地适应这一变革，金融从业者需要具备一定的技术背景，以便更好地理解和运用人工智能技术。这包括了解人工智能的基本原理、掌握数据分析技能以及熟悉相关的金融科技产品等。只有这样，金融从业者才能与技术紧密结合，共同推动金融服务的智能化进程。

此外，人工智能技术在风险管理方面的应用也值得关注。通过自动化的风险评估和监测系统，金融机构能够实现对市场、机构和客户等多方面的实时监控和预警。这不仅提高了风险管理的效率和准确性，还能够在潜在风险暴露之前及时采取措施进行防范和化解。这种前瞻性和主动性的风险管理方式，有助于金融机构保持稳健的经营态势和防范可能的金融危机。

（四）区块链技术的发展

区块链技术正逐步重塑金融交易的底层逻辑，赋予其前所未有的透明度和安全性。这一技术通过去中心化的架构设计，从根本上解决了传统金融体系中信任缺失和信息不对称的问题。

区块链通过其独特的分布式账本技术，实现了交易信息的全面记录和永久保存。这种不可篡改的特性，确保了每一笔交易的真实性和完整性，无论是对金融机构还是客户而言，都极大地增强了交易的透明度和可信度。客户能够清晰地看到交易的每一个环节，了解资金的流向和状态，从而建立起对金融机构的深层次信任。

区块链技术还通过加密算法和共识机制，保障了交易数据的安全性。在区块链网络中，任何试图篡改交易记录的行为都将被及时发现并阻止，能够有效防止欺诈和恶意攻击的发生。这种高度的安全性，不仅保障了客户的资金安全，也为金融机构提供了更加稳定可靠的运营环境。

除了提高透明度和安全性，区块链技术还带来了交易效率和成本的双重优化。通过减少中间环节和降低信任成本，区块链能够显著降低金融交易的成本，使更多的小微企业和个人能够享受到便捷的金融服务。同时，区块链的实时结算和智能合约功能，也大大缩短了交易时间、提高了交易效率，为跨境支付和国际交易提供了新的解决方案。

随着区块链技术的不断成熟和应用场景的持续拓展，其对于金融行业的影响将更加深远。从数字货币到智能合约，从供应链金融到资产证券化，区块链正逐步渗透到金融领域的每一个角落，推动传统金融向更加开放、透明、高效和安全的方向发展。

二、客户需求的多元化

现代消费者对金融服务的需求日益多样化，传统的金融产品已无法满足客户的个性化需求。这一趋势体现在多个方面。

（一）个性化服务的需求

在消费者对金融产品的个性化需求日益增长的背景下，金融行业的服务模式正经历着深刻的变革。客户对"量身定制"的金融服务的渴望，不仅仅是对产品表面的差异化追求，更是对金融机构能否真正洞察其深层次需求、实现精准服务的考验。

传统金融服务模式中的"一刀切"策略，已难以满足当前多元化、复杂化的市场需求。消费者不再满足于被动接受标准化的金融产品，而是期待金融机构能够主动了解他们的财务状况、风险认知边界以及独特的投资偏好。这种转变促使金融机构必须摒弃以往的粗放型经营方式，转而采用更为精细化的客户管理策略。

为实现这一目标，金融机构需构建更为完善的客户信息系统，通过大数据、人工智能等先进技术手段，对客户的基本信息进行全面梳理，并深入挖掘其潜在需求。在此基础上，金融机构还应加强产品设计和服务策略的创新，确保所推出的金融产品能够精准对接客户的实际需求，实现真正的"量身定制"。同时，金融机构还需持续优化服务流程、提升服务效率，为客户提供更加便捷、高效的金融服务体验。

（二）即时性与便捷性的期望

在金融服务的即时性与便捷性这一趋势的推动下，客户对金融体验的期待已远远超越了传统的物理网点模式。他们追求的不仅是交易的迅速完成，更是服务过程中无缝对接的流畅体验。例如，移动支付技术通过智能手机等移动设备，实现了即时转账、支付账单、购物消费等多种功能，极大地提升了消费者的支付效率和便利性。

同时，在线贷款服务的兴起，使客户无须烦琐的纸质材料提交和漫长的审批等待，即可快速获得资金支持，满足其紧急或突发的资金需求。这种服务的即时性，对于小微企业主、个体工商户等群体尤为重要，能够帮助他们迅速抓住市场机遇，实现业务的快速发展。

此外，实时投资咨询服务的推出，更是满足了客户对市场信息动态掌握的需求。通过智能算法和大数据分析，这些服务能够为客户提供个性化的投资建议和风险提示，帮助他们在复杂多变的金融市场中做出更加明智的投资决策。

（三）透明度与信任的提升

在经历了一系列金融危机后，全球消费者对金融机构的信任度普遍下降，这种不信任主要源自对金融机构运营的不透明感和对潜在风险的担忧。在此背景下，消费者对于金融服务的透明度要求日益增强，他们渴望清晰、全面地了解金融产品的运作机制、风险水平以及资金流动情况。

金融科技的快速发展为这一需求提供了解决方案。通过利用大数据、人工智能、云计算等先进技术，金融科技能够重构金融服务的模式，使之更加高效、便捷且透明。其中，区块链技术的引入尤为引人注目。作为一种去中心化、不可篡改的分布式账本技术，区块链技术能够确保交易信息的真实性和完整性，使客户能够实时查看交易记录、资金流向等关键信息。

这种透明度的提升，对于重建消费者对金融机构的信任具有重要意义。一方面，它让客户能够直观感受到金融服务的公正性和可靠性，从而增强对金融机构的信心；另一方面，透明度的提升也有助于减少信息不对称现象，降低客户因不了解产品信息而做出错误决策的风险。

此外，随着透明度的提高，客户对于新型金融产品的接受程度也逐渐增强。在传统金融模式下，由于信息不透明和复杂性较高，许多客户对于新型金融产品持谨慎态度。而金融科技的介入和区块链技术的应用，则使这些产品变得更加易于理解和接受。客户可以通过透明化的平台获取关于产品的全面信息，从而做出更加明智的投资决策。

（四）对社会责任的关注

现代消费者对于金融机构的期待，已经超越了单纯的财务增值与风险管理的范畴，聚焦于这些机构如何在更广阔的社会层面上发挥积极作用。这一转变，不仅体现了消费者意识的觉醒，也预示着金融行业发展的新趋势。

金融科技不仅仅是一种技术革新，更是一种理念的升级。通过大数据、云计算、人工智能等先进技术，金融科技能够精准识别并满足消费者对绿色金融、普惠金融等新兴领域的需求，从而推动金融产品和服务向更加环保、包容、可持续的方向发展。

金融机构若想在这一变革中立于不败之地，就必须深刻认识到自身所肩负的社会责任，并明确自身的社会价值定位。这不仅仅是一种道德要求，更是一种市场策略。因为只有那些真正将可持续发展理念融入产品设计的金融机构，才能赢得越来越多具有社会责任感的消费者的青睐。

具体来说，金融机构可以在产品设计、风险评估、投资决策等多个环节，积极探索和实践可持续发展的路径。比如，开发基于绿色标准的金融产品，支持环保项目和企业；利用金融科技手段降低金融服务门槛，让更多弱势群体享受到金融的便利；通过数据分析预测环境和社会风险，为投资者提供更加稳健的投资选择等。这些举措不仅有助于提升金融机构的社会形象，还能为其带来更加稳定的客户基础和长期的经济效益。

三、政策环境的优化

随着金融科技的迅猛发展，政策环境的优化也成为推动行业发展的重要因素。

（一）监管政策的适应性

各国政府在金融科技领域的监管政策演进，正步入一个更加精细与包容的阶段。这些政策的完善不仅体现了对消费者权益的高度重视，也彰显了支持行业持续创新与繁荣的坚定立场。具体而言，政策的制定者在确保金融市场稳定与保护投资者利益的前提下，精心构建了一个既严谨又富有弹性的法律框架。

这一框架的设立，如同为金融科技企业铺设了一条明确且坚实的道路，使金融从业者在探索未知、挑战传统的过程中，能够拥有更多的底气和自信。金融机构在遵循这些政策指引的同时，能够专注于技术创新与产品优化，无须过分担忧因监管不力而引发的合规风险。

此外，灵活的监管政策还发挥了催化剂的作用，它鼓励金融科技企业勇于尝试、敢于突破，不断将前沿科技转化为推动行业发展的强大动力。这种鼓励机制促进了新技术在金融领域的快速渗透与融合，加速了金融服务的智能化、个性化进程，为消费者带来了更加便捷、高效、安全的金融服务体验。

（二）合规与风险管理

随着政策环境的不断优化，金融机构在追求创新的同时，其合规与风险管理的重要性日益凸显。这一转变要求金融机构在产品开发、市场推广及运营管理等各个环节，均需嵌入更为精细化的合规考量。金融科技企业在创新浪潮中，不再仅仅是技术的引领者，更需成为法律与监管的践行者。金融从业者需要深入研究并准确把握国内外金融法律法规的最新动态，确保每一项创新成果都能在合法合规的框架内稳健运行。

这一变化对金融人才的能力结构提出了更高要求。传统的金融专业知识已不足以应对当前的复杂局面，金融从业者必须拓宽视野，增强跨学科学习能力，尤其是要深入理解和掌握金融科技相关的法律法规体系。通过系统的培训和实践锻炼，金融人才应能够在产品开发初期就进行合规性评估，有效识别并规避潜在的法律风险。同时，他们还需具备灵活应对监管政策变化的能力，确保企业在快速变化的市场环境中保持稳健发展。

此外，金融机构还应建立健全内部合规管理机制，强化合规文化建设，将合规意识深深植根于每一位员工的心中。通过加强内部控制、优化业务流程、提升信息透明度等措施，金融机构可以进一步降低合规风险、增强市场信心，为金融科技的健康发展提供坚实保障。

（三）国际合作的推动

在全球化的浪潮中，金融科技作为新兴业态，其跨境合作的需求日益迫切。各国监管机构之间的紧密合作，不仅为金融科技行业树立了跨境合作的典范，更在实质上推动了统一标准和规范的建立。这些标准和规范，如同航海中的灯塔，为金融科技企业在国际市场的航行指明了方向，降低了因规则差异而带来的交易风险。

具体而言，政策环境的优化促进了各国在金融科技领域的监管互认，使企业在不同国家间的业务开展更加顺畅。同时，这种合作还加速了金融科技产品的国际化进程，使优质产品能够迅速跨越国界，服务于更广泛的用户群体。此外，政策环境的优化还激发了金融科技企业的创新活力，促使企业不断研发新技术、新产品，以满足国际市场的多元化需求。

更为重要的是，这种合作机制为人才的国际化培养提供了肥沃的土壤。金融科技作为高度知识密集型的行业，其发展离不开高素质人才的支持。各国监管机构之间的合作，不仅促进了金融科技知识的跨国界传播，还为企业和高校之间的合作搭建了桥梁，为培养具有国际视野和跨文化交流能力的金融科技人才创造了有利条件。这些人才将成为推动国际金融科技合作的重要力量，为行业的持续健康发展注入新的活力。

四、国际化竞争的加剧

随着全球化进程的加快，金融科技企业面临着越来越激烈的国际竞争。

（一）全球市场的竞争

金融科技的全球化进程，无疑为企业开辟了新的战场，这一战场不再局限于国内，而是跨越国界，与世界各地的顶尖竞争者同台竞技。这要求金融科技公司在多个维度上实现深度与广度的双重提升。

在产品设计上，金融科技公司需要持续探索技术创新，开发出既符合国际标准，又能满足各国消费者独特需求的金融产品。这包括但不限于利用大数据、人工智能、区块链等前沿技术，提升产品的智能化、个性化水平，以及增强产品的安全性与稳定性。此外，公司还需密切关注国际金融法规的变化，确保产品设计合规，避免潜在的法律风险。

在市场推广方面，金融科技公司需具备敏锐的市场洞察力，准确把握全球市场趋势，制定差异化的营销策略。这包括针对不同地区的文化背景、消费习惯、法律法规等因素，定制化推广方案，提升品牌知名度和市场影响力。同时，公司还需充分利用社交媒体、在线广告等数字化渠道，扩大营销覆盖面、提升营销效率。

在客户服务上，金融科技公司需建立全球化的客户服务体系，提供多语言、多渠道的客户服务支持。这要求公司具备强大的客户服务团队和技术支持能力，能够迅速响应客户需求、解决客户问题，提升客户满意度和忠诚度。此外，公司还需通过数据分析等手段，深入了解客户需求，为客户提供更加精准、个性化的服务体验。

（二）人才的全球流动

在全球化浪潮的推动下，金融科技行业的国际化竞争日益激烈，这一趋势显著加剧了对高素质、复合型人才的需求。这些人才不仅要具备深厚的技术功底，包括数据分析、人工智能、区块链等前沿技术领域的专业知识，还要拥有丰富的实战经验，能够迅速适应市场变化并做出精准决策。

面对这一挑战，企业纷纷采取多元化的人才培养策略，旨在构建一支既懂技术又懂市场的复合型人才队伍。这包括加强内部培训，通过设立专项课程、工作坊等形式，提升员工的专业技能和综合素质；同时，也积极与高校、研究机构等合作，建立产学研用一体化的培养模式，为行业输送更多人才。

此外，国际化人才的引入成为金融科技企业提升竞争力的重要途径。这些人才来自不同国家和地区，拥有不同的文化背景和思维方式，他们的加入不仅为企业带来了先进的管理理念和技术手段，还促进了文化的交流与融合，为企业注入了新的活力和创新动力。在这个过程中，企业也需注重营造开放包容的工作氛围，让国际人才能够充分发挥其特长和优势，共同推动行业的繁荣发展。

（三）技术与知识的共享

在全球化日益加深的今天，国际化竞争成为推动金融科技行业进步的重要驱动力。它不仅促进了资本与市场的融合，更深层次地，它加速了技术与知识的跨国界流动。各国金融科技企业，如同航海者，在浩瀚的国际金融海洋中不断探索、学习与合作，共同绘制着金融科技的新蓝图。

企业间通过深度的技术交流与合作，不仅能够获取到最新的研发成果和行业经验，更能在此基础上进行二次创新，形成具有自身特色的技术优势。这种基于共享的创新模式，极大地缩短了新技术从研发到应用的周期，为金融科技行业的快速发展注入了强大动力。

对于金融机构而言，建立有效的学习机制显得尤为重要。在这个日新月异的行业中，只有不断保持对新技术、新理念的敏锐洞察力和学习能力，才能在激烈的国际竞争中立于不败之地。金融机构需要设立专门的部门或团队，负责跟踪国际前沿技术的动态，及时评估其潜在价值和应用前景，并制定相应的学习和引进计划。同时，加强与国际同行的交流与合作、共同探索金融科技的未来发展方向，也是提升自身竞争力的关键所在。

第二节　现有金融科技人才缺口分析

一、市场需求与供给的失衡

金融科技行业的快速发展催生了对多层次、多维度人才的强烈需求，然而现有的人才培养体系却难以满足这一需求。

（一）快速增长的市场需求

金融科技行业迅猛发展，其年均增长率显著超越传统金融领域，这背后是技术创新与金融服务的深度融合所带来的巨大推动力。在移动支付领域，随着智能手机普及率的提升和消费者支付习惯的转变，市场规模持续扩大，对安全、便捷、高效的支付解决方案的需求日益增长，从而催生了更多技术创新和人才需求。在信贷方面，金融科技通过大数据、人工智能等技术手段，实现了对借款人信用风险的精准评估，降低了信贷门槛，提高了金融服务的可获得性。这一变化不仅促进了金融市场的繁荣，也对金融专业人才提出了更高的要求，他们需要既懂金融知识，又擅长数据分析与模型构建。区块链技术的去中心化、透明度高、可追溯性强等特点，使区块链在金融交易、资产管理、身份认证等方面展现出了巨大的应用潜力。因此，区块链初创企业如雨后春笋般涌现，竞相探索区块链与金融结合的无限可能，同时也加剧了对区块链技术人才的争夺。

智能投顾通过算法和机器学习技术，为投资者提供个性化、智能化的投资顾问服务。这一服务模式的出现，不仅降低了投资门槛，还提高了投资效率，使更多人能够享受到专业的投资咨询服务。然而，这也要求金融专业人才具备更强的数据分析能力、编程技能以及对金融市场的敏锐洞察力。

（二）供给不足的教育体系

尽管教育机构普遍认识到金融科技在重塑金融行业格局中的核心地位，其课程设置与教学模式的革新却显得步伐缓慢。具体而言，多数课程依旧沉浸在传统金融理论的讲授中，如金融市场、风险管理、投资学等，而对于区块链、大数据、人工智能等前沿技术在金融领域的应用，则缺乏系统性、深入性的教学安排。

这种课程设置的不平衡，直接导致了学生知识结构的单一与滞后。在金融科技日新月异的今天，技术的每一次飞跃都可能引发行业的新一轮变革。然而，由于教育体系的调整往往需要经历复杂的决策过程与资源调配，其反应速度往往难以跟上市场的快速变化。这种滞后性，不仅限制了学生获取最新行业资讯与技能的机会，也使他们在踏入社会时，难以迅速适应金融科技领域对人才的高标准严要求。

进一步来看，金融科技的快速发展还带来了对跨学科知识与综合能力的更高要求。传统金融教育往往侧重于理论知识的传授，而忽视了对学生实践能力、创新思维以及跨学科整合能力的培养。而在金融科技领域，无论是产品设计、风险评估还是客户服务，都需要从业者具备扎实的金融基础、敏锐的技术洞察力以及良好的团队协作能力。因此，如何在教学过程中融入这些元素，成为当前高校与职业培训机构亟待解决的问题。

（三）区域差异的影响

金融科技人才的需求在不同地区存在显著差异。在繁华的北上广深等一线城市，金融科技如雨后春笋般迅速崛起，成为推动当地经济转型升级的重要引擎。这些城市汇聚了国内外顶尖的金融科技企业，不仅引领着行业创新的风向，更对高端金融科技人才产生了巨大的吸引力。因此，这些地区的金融科技人才需求呈现出爆发式增长，对人才的专业素养、创新能力及国际视野提出了更高要求。

相比之下，二三线城市的金融科技市场虽然也在逐步扩展，但其发展步伐显然更为稳健和缓慢。受限于经济基础、产业结构及教育资源等多方面因素，这些城市在金融科技人才的培养和引进上面临着诸多挑战。一方面，当地高校和培训机构在金融科技领域的课程设置和师资力量相对薄弱，难以满足市场日益增长的人才需求；另一方面，受地理位置、薪资待遇及职业发展机会等限制，难以吸引和留住高端金融科技人才。这种供需失衡的状况，不仅制约了当地金融科技行业的快速发展，也加剧了区域间的发展不平衡。

二、人才素质与技能要求的差距

金融科技行业对人才的要求不仅包括传统金融知识，还包括数据分析、编程能力和市场营销等多种技能。这使现有金融从业者在转型过程中面临巨大挑战。

（一）多元化技能的需求

金融科技人才需要具备复合型的知识结构，除了扎实的金融理论基础，他们还需精通数据科学，这意味着不仅要理解数据的收集、整理与存储，更要具备数据洞察能力，能够从海量数据中提取有价值的信息，为金融决策提供科学依据。同时，人工智能技术的日新月异要求金融人才掌握其基本原理与应用场景，如机器学习、深度学习等，以便在产品设计、风险评估等方面实现智能化升级。此外，区块链作为金融科技的新兴领域，其去中心化、不可篡改的特性为金融行业带来了革命性的变化。因此，金融科技人才还需对区块链技术有深入的理解，包括其技术架构、运行机制及在支付清算、供应链金融等方面的应用。

面对当前传统金融人才在数据分析和编程能力上的不足，我们应认识到，这不仅是技能层面的差距，更需要思维模式的转变。金融科技人才需具备跨学科学习的能力，将金融思维与技术思维相结合，形成独特的创新视角。

（二）持续学习的压力

金融科技行业的迅猛变革，不仅是对技术的革新，更是对从业者知识结构和技能体系的全面挑战。随着大数据、云计算、人工智能等前沿技术的不断融入，金融科技领域的边界日益模糊，跨界融合成为常态。这种趋势要求从业者不仅要精通传统的金融知识，还要具备对新兴技术的深刻理解与敏锐洞察。

传统金融人才在职业生涯初期，往往专注于某一细分领域的知识积累，如风险管理、投资分析或财务管理等，而较少涉及信息技术或数据分析等现代金融科技的核心内容。这种单一化的教育模式，虽然为他们打下了坚实的专业基础，但在面对金融科技浪潮时，却显得力不从心。他们可能难以迅速掌握新技术的基本原理，更难以将其有效应用于实际工作中，从而造成了技能更新的滞后。

此外，金融科技行业的快速发展还带来了业务模式的不断创新和市场竞争的日益激烈。传统金融人才在缺乏对新技术的敏感性和适应能力的情况下，往往难以把握市场趋势，更难以在竞争中占据有利地位。这种困境不仅限制了他们个人的职业发展，也加剧了整个行业的人才短缺问题。

（三）综合素质的要求

在深入探讨金融科技人才的必备素质时，我们不能忽视其沟通能力与团队协作能力的核心地位。这两项能力，作为专业技能之外的软实力，是金融科技人才在复杂多变的工作环境中脱颖而出的关键。

沟通能力是金融科技人才不可或缺的，它要求个体能够清晰、准确地传达自己的想法与观点，同时善于倾听并理解他人的意见与建议。在金融科技项目中，这种能力显得尤为重要，因为项目往往跨越多个学科领域，涉及不同背景的专业人士。高效的沟通，可以确保信息的准确传递与理解，减少误解与冲突，从而推动项目的顺利进行。

而团队协作能力则是金融科技人才在团队中发挥作用的重要保证。金融科技项目通常需要团队成员之间的紧密合作与相互支持。良好的团队协作能力意味着个体能够融入团队，积极贡献自己的力量，同时也能够尊重并理解他人的工作。这种能力有助于营造和谐的团队氛围、提高团队的整体效能，共同应对金融科技领域的挑战与机遇。

三、行业认知与教育体系的不足

金融科技人才缺口的形成还与行业认知的不足以及教育体系的局限性密切相关。

（一）行业认知的落后

许多金融机构对金融科技的理解仍停留在表面，这种表面化的认知不仅限制了其内部创新能力的提升，也阻碍了行业整体向智能化、高效化转型的步伐。金融科技作为科技与金融深度融合的产物，其核心价值远不止技术层面的革新，更在于通过大数据、人工智能、区块链等先进技术，深度重塑金融服务的每一个环节。

具体而言，金融科技在提升效率方面，能够自动化处理大量烦琐的数据和流程，减少人工干预，从而显著提高业务处理速度和准确性。在降低成本方面，通过优化资源配置、减少物理网点和人员投入，金融科技为金融机构带来了显著的成本节约。而在改善客户体验方面，金融科技则通过提供个性化、便捷化的服务，增强了客户黏性、提升了客户满意度。

然而，由于部分金融机构对金融科技的理解尚浅，它们在制订招聘计划时，往往未能充分考虑金融科技人才的专业性和特殊性，导致招聘标准模糊，难以吸引到真正具备创新能力和实战经验的人才。这种人才供需的不匹配，不仅限制了金融机构自身的发展，也影响了整个金融科技生态的繁荣。

因此，对于金融机构而言，深化对金融科技的理解，明确金融科技人才的招聘标准，已成为当务之急。只有这样，才能确保金融科技在金融机构内部得到充分的应用和发挥，推动金融行业向更高水平发展。

（二）教育体系的滞后

在金融教育体系的现状下，对金融科技实用技能的忽视显得尤为突出。尽管传统金融理论为学生奠定了坚实的理论基础，但面对日新月异的金融科技环境，仅掌握这些知识已难以满足行业需求。当前教育体系往往侧重于理论讲授，而忽视了实践操作的重要性，导致学生难以将所学理论应用于实际场景中，进而在就业市场中缺乏竞争力。

具体而言，金融科技工具的快速迭代和应用，要求学生在校期间就能接触到这些前沿技术，以便更好地理解其运行的原理和运作机制。然而，现实情况却是，许多学生直到毕业都没有机会接触到这些工具，更不用说熟练掌握其操作技巧了。这不仅限制了学生的视野和创新能力，也影响了他们未来的职业发展。

此外，金融科技课程的设置也亟待改进。目前，许多院校的相关课程都是零散分布的，缺乏系统性和连贯性。这种课程设置方式不仅难以形成完整的知识体系，也不利于学生对金融科技领域的全面理解和把握。因此，有必要对现有的金融教育体系进行改革和完善，加强金融科技实用技能的培养和课程设置的系统性建设。只有这样，才能培养出更多符合市场需求、具备实践能力和创新精神的金融人才。

（三）实践环节的缺失

当前教育体系中，尽管金融科技作为新兴领域备受瞩目，但在为学生提供实战演练的平台上，仍存在显著不足。这种不足，不仅仅是资源分配的问题，更是教育理念与实践需求错位的反映。

缺乏实习和实践机会，意味着学生们在"象牙塔"内构建的金融科技知识体系，往往难以直接映射到复杂多变的现实世界中。理论知识如同散落的珍珠，缺少了串联它们的实践之线，便难以形成璀璨夺目的项链。因此，当这些未来的金融科技从业者踏入行业大门时，面对的是一片既熟悉又陌生的领域——熟悉的是那些名词与概念，陌生的是如何将它们转化为解决实际问题的能力。

这种理论与实践的脱节，不仅限制了学生个人能力的全面发展，也影响了金融科技行业整体的创新与进步。毕竟，真正的创新往往源自对既有知识的深刻理解和灵活应用，而这离不开大量实践经验的积累与沉淀。因此，教育机构应当积极寻求与业界的合作，共同搭建起更多元、更深入的实习实训平台，让金融科技的学习之路更加贴近实际、更加生动有趣。

第三节　创新培养模式对行业发展的推动作用

一、适应市场需求

金融科技的快速发展要求金融人才具备多样化的技能和知识体系。通过创新培养模式，可以更好地适应市场的变化，满足行业对人才的多元需求。

（一）针对性课程设计

传统的教育模式，虽然奠定了坚实的理论基础，但在日新月异的金融科技浪潮中，显然已不足以支撑学生全面应对未来的职业挑战。因此，课程设计必须与时俱进，融入最新的技术动态和市场趋势。

具体来说，区块链技术的加入不仅是为了让学生掌握其基本原理和运作机制，更是要引导他们理解这一技术在金融领域的革新作用，如提升交易透明度、降低信任成本等。同时，数据分析作为现代金融决策的重要工具，其课程应涵盖数据处理、模型构建、结果解读等多个层面，以培养学生的数据敏感度和分析能力。至于人工智能，其在金融领域的应用日益广泛，从智能投顾到风险评估，无一不彰显着其巨大的潜力。因此，相关课程应聚焦于算法原理、应用场景以及伦理考量，让学生在掌握技术的同时，也能思考其对社会和经济的深远影响。

通过这样的课程设计，学生不仅能够获得更为全面和前沿的金融知识，还能够在学习的同时适应市场需求，为未来的职业生涯打下坚实的基础。同时，这种针对性的教育模式也有助于弥合教育与市场之间的鸿沟，使毕业生能够更好地适应金融科技的发展需求。

（二）实践导向的学习方式

在探讨创新的培养模式对行业发展的推动作用时，深入剖析其实践经验的核心价值显得尤为重要。创新培养模式不仅仅是理论到实践的简单过渡，更是一个深度融合、相互促进的过程。实习和项目实践作为两大支柱，为学生搭建起了一座桥梁，连接着"象牙塔"内的学术研究与现实世界的职场挑战。

实习环节使学生得以走出校园，亲身参与到企业的日常运营中，面对真实的工作场景与复杂的问题解决过程。这种亲身体验不仅锻炼了他们的专业技能，更培养了其解决问题、团队协作及沟通协调等多方面的能力。同时，实习过程中的反馈与指导，使学生能够及时认识到自身不足，从而更有针对性地进行自我提升。

项目实践则更注重学生的主动性和创造性。通过参与实际项目的规划、执行与评估，学生需要综合运用所学知识，进行跨学科、跨领域的思考与探索。这一过程不仅加深了他们对专业知识的理解，更激发了他们的创新思维和解决问题的能力。同时，项目实践中的团队合作也培养了学生的协作精神和领导力，为其未来的职业发展注入了强劲的动力。

总之，创新的培养模式通过强化实践经验的重要性，为学生提供了一个全面、深入的学习与成长平台。在这里，他们不仅能够掌握扎实的专业知识与技能，更能够培养出适应市场需求、具备创新精神和实战能力的优秀品质。

（三）持续的职业发展支持

创新培养模式还包括对职业发展的支持，帮助学生了解行业动态、职业路径以及所需技能，指导他们在职业发展过程中进行自我提升。通过邀请行业专家、资深从业者进行分享与交流，学生能够第　时间掌握市场的最新动态、技术趋势及未来发展方向。这种前沿信息的获取，有助于他们及时调整学习重点，确保所学技能与市场需求的高度契合。

同时，通过一对一的职业咨询、职业规划工作坊等形式，学生能够深入了解不同职业的发展轨迹、所需资质及潜在挑战，从而根据自身兴趣、能力及长远目标，进行科学合理的职业规划。这一过程不仅增强了学生的职业目标感，还为他们后续的学习与实践指明了方向。

此外，通过组织定期的行业研讨会、技能培训课程等活动，学生能够不断学习新知识、新技能，使个人竞争力持续提升。这种终身学习的理念，不仅有助于他们在职场中保持领先地位，还为他们未来的职业发展奠定了坚实的基础。

二、提升人才素质

金融科技行业对人才的素质要求越来越高，仅具备专业知识已经无法满足行业需求。创新的培养模式旨在全面提升人才的综合素质。

（一）跨学科知识融合

金融科技作为金融与技术的深度融合体，其培养模式急需创新以应对日益复杂的行业需求。在这一背景下，跨学科学习显得尤为重要，它不仅是拓宽学生知识面的有效途径，更是培养复合型人才的关键。具体而言，学生在掌握扎实的金融学基础的同时，还需深入计算机科学领域，了解编程语言、数据结构与算法、数据库管理等核心技术，以便更好地利用技术手段解决金融问题。同时，数据科学的知识也是不可或缺的，学生需掌握数据分析、数据挖掘、机器学习等技能，以应对金融领域日益增长的数据需求，并从中提取有价值的信息。此外，法律法规的学习同样重要。金融科技行业涉及众多敏感领域，如个人信息保护、资金安全等，学生需了解相关法律法规，确保在创新过程中不触碰法律红线。这种跨学科的学习模式，不仅能够使学生具备全面的知识体系，还能够在实践中灵活运用以应对各种复杂情境。

更重要的是，跨学科学习能够激发学生的批判性思维和创新能力。在多元知识背景下，学生能够跳出传统金融学的框架，从计算机科学、数据科学、法律法规等不同视角审视问题，从而发现新的解决方案和思路。这种能力对于金融科技行业的未来发展至关重要，因为它能够推动行业不断创新并保持竞争力。

（二）批判性思维与创新能力

在深化创新培养模式的过程中，我们需进一步细化其内涵，以确保学生在批判性思维与创新能力上得到更为全面的发展。

首先，开放性问题的设计应更具挑战性，不仅涵盖基础知识的运用，还应融入跨学科元素，促使学生在更广阔的视野下审视问题，从而激发他们的好奇心与探索欲。通过这样的问题设置，学生们被鼓励跳出常规框架，勇于尝试不同的思考路径，进而形成多元化的见解。

其次，案例讨论的选择应更具代表性和时效性，紧贴行业动态与社会热点。在讨论过程中，教师应发挥引导作用，鼓励学生不仅分析案例的表面现象，更要深入挖掘其背后的逻辑与规律，学会从多角度、多层次审视问题。这种深度剖析不仅有助于学生形成更加全面和深刻的理解，还能锻炼他们的批判性思维，学会质疑与反思。

最后，项目驱动学习作为实践创新的重要手段，其项目设计应贴近真实世界，具有明确的目标和可衡量的成果。在项目实施过程中，学生需自主组建团队，明确分工与合作，共同面对挑战与困难。这种经历不仅能让他们在实践中掌握科学的思维方法和工具，还能培养他们的团队协作精神和领导能力。更重要的是，通过解决实际问题，学生们能够深刻体会到创新的艰辛与价值，从而更加努力提升自己的创新能力。

（三）人际沟通与团队合作能力

在金融科技行业中，团队合作与沟通能力的核心价值是不可忽视的。一个高效运作的团队，不仅需要成员具备精湛技能，更依赖于成员间的默契配合与紧密沟通。因此，在金融科技人才的培养模式中，深化对团队合作与沟通的训练显得尤为重要。

小组讨论作为一种有效的互动方式，不仅能为学生提供一个展示自我、分享见解的平台，更能促进不同思想间的碰撞与融合。通过激烈而有序的辩论，学生可以学会如何清晰地表达自己的观点，同时也学会倾听并尊重他人的意见。这种相互学习的过程，不仅能够拓宽他们的思维视野，还能增强他们的自信心和表达能力。

而团队项目则是一个将理论知识与实践操作紧密结合的绝佳机会。在共同面对挑战、解决问题的过程中，学生可以深刻体会到团队协作的力量。他们需要学会如何根据各自的优势进行任务分配，如何在遇到困难时相互支持、共同面对，以及如何在完成任务后进行有效的总结和反思。这种实战经验的积累，对于提升他们的团队协作能力和应变能力有着不可估量的价值。

三、促进跨界合作

金融科技行业的发展离不开不同领域的合作与融合。创新的人才培养模式应重视跨界合作，促进多方资源的整合与利用。

（一）高校与企业的合作

高校与金融科技企业的合作，实质上是一种深度互融、共同成长的战略伙伴关系。这种合作不是停留在表面上的资源共享，而是深入教育体系的内核，对人才培养的每一个环节都产生了深远的影响。

例如，实习基地的建立为学生提供了一个真实、复杂且富有挑战性的工作环境。在这里，学生们可以接触到最前沿的金融科技产品和技术，了解行业动态和发展趋势。这种实践经验的积累，使学生在走出校门时，不仅具备了扎实的理论基础，还具备了丰富的实战经验，能够更好地面对未来职场的挑战。

而共同研发项目的开展则促进了高校与金融科技企业的深度融合。这些项目往往围绕着行业的热点和难点问题展开，需要跨学科、跨领域的专业知识和创新思维。通过共同参与研发，学生们不仅能够将所学知识应用于实践中，还能够在与企业的交流中不断拓宽视野、激发灵感。同时，这些项目也为企业带来了新的思路和技术突破，推动了企业的技术创新和产业升级。

（二）跨行业的合作

金融科技是融合了金融、信息技术、法律及市场营销等多领域的综合体，其复杂性要求在人才培养上采取更为深远的策略。具体而言，培养模式的创新不应局限于金融或信息技术的单一维度，而应鼓励一种跨行业的深度交融。

通过设立联合课程，学生不仅能深入学习金融市场的运作机制、金融产品的设计原理，还能同步掌握信息技术的最新进展，如大数据分析、人工智能在金融决策中的应用等。这种课程设置方式有效打破了传统学科壁垒，使学生在学习过程中自然而然地实现了知识的跨界融合。此外，交叉学科研究项目的开展也是不可或缺的。它鼓励学生跨越各自的学术领域，与来自不同专业的伙伴共同探索金融科技的前沿问题。在这样的研究环境中，法律学者可以就金融科技的法律风险、合规性问题提供见解；市场营销专家则能就金融科技产品的市场定位、推广策略提出建议。

这种多学科视角的碰撞，往往能激发出新的思维火花，为金融科技行业带来前所未有的解决方案和创新思路。

（三）国际化的交流与合作

在全球化的浪潮中，金融科技人才培养的国际化转型显得尤为重要。这一趋势不仅是对传统教育模式的一种革新，更是对未来全球金融市场深度融合的积极回应。与国际顶尖高校及行业领军企业进行深度合作，能够为学生搭建起一座桥梁，使他们能够跨越地域的界限，与全球的精英学子及行业专家进行面对面的交流。这种深度的国际交流项目，不仅能够拓宽学生的国际视野，还能够促进他们在多元文化的环境中快速成长。同时，联合研究项目的开展，更是为金融科技人才的培养注入了新的活力。通过国际合作伙伴的共同努力，可以针对金融科技领域的前沿问题进行深入探讨，共同推动该领域的理论创新和技术进步。这种跨国的合作研究，不仅有助于提升学生的科研能力，还能够让他们在实践中掌握最前沿的金融科技知识。此外，国际化培养还能够显著提升学生的语言能力和跨文化沟通能力。在全球化的金融市场中，良好的语言能力是不可或缺的竞争力之一。通过在国际环境中的学习和生活，学生们可以更加熟练地掌握外语，并学会如何在不同文化背景下进行有效的沟通和交流。这种能力的提升，将为他们未来的职业发展奠定坚实的基础。

综上所述，金融科技人才培养模式的国际化转向，是应对全球化挑战、提升国际竞争力的重要举措。通过与国际高校和企业的深度合作，不仅能够为学生提供更加广阔的发展空间和更加丰富的学习资源，还能助力企业更具国际视野和竞争力。

四、增强行业创新能力

创新培养模式不仅有助于提高人才的综合素质，也能够增强金融科技行业的整体创新能力。

（一）鼓励创新思维

创新培养模式通过开放式的教学方法，如案例研讨、翻转课堂等，不仅拓宽了学生的视野，还促使他们跳出固有框架，以多元视角审视问题。实验性项目则为学生搭建了实践创新的舞台，让他们亲手验证想法，感受从理论到实践的跨越。同时，创新培养模式还可以通过设置挑战性任务，对学生的心理素质与创新能力展开双重考验。面对未知与困难，学生需要学会独立思考，勇于挑战自我，这些经历将极大地增强他们的韧性与创造力。在这样的学习环境中，学生们不再满足于既定的答案，而是积极寻求突破，勇于探索未知领域，这种精神正是推动社会与行业持续进步的重要动力。

因此，创新的培养模式不仅塑造了学生个体的创新能力，更在潜移默化中塑造了未来社会的创新生态，为行业的繁荣与发展注入了源源不断的活力。

（二）技术应用的实践训练

在金融科技行业，技术的应用是推动创新的重要手段。金融科技领域的创新往往伴随着技术的快速迭代，这就要求从业者不仅需掌握扎实的理论基础，更需具备快速适应新技术、新工具的能力。因此，培养模式中的实践训练环节显得尤为重要。通过模拟真实工作场景的实验室和工作坊，学生能够直接面对技术难题，运用所学知识进行探索与解决，这种"学中做、做中学"的方式，能够极大地提升他们的技术应用能力。在解决实际问题的过程中，学生需要不断尝试新的方法、思路，这种试错与调整的过程，正是创造力生长的"土壤"。通过反复的实践与反思，能够培养学生独特的创新思维和解决问题的能力，为金融科技行业的未来发展贡献更多可能性。

同时，实践训练还能有效提升学生的适应能力。在快速变化的金融科技领域，技术的更新迭代速度极快，这就要求从业者必须具备高度的灵活性和适应性。通过实践训练，学生能够在面对新技术、新挑战时保持冷静与自信，迅速调整策略，找到最佳解决方案。这种能力对于个人职业发展以及整个行业的持续创新都具有重要意义。

（三）建立创新文化

创新的培养模式应致力于建立一种鼓励创新的文化。创新文化的构建，首要在于塑造一种开放包容的心态，让学生在宽松的环境中自由表达观点，无惧于挑战传统或既有框架。这要求教育体系不仅传授知识与技能，更要激发个体的好奇心与批判性思维，使学生在面对未知时，能主动寻求解决方案而非回避。

创新大赛与创意研讨会作为关键载体，其设计需兼具挑战性与趣味性，旨在引导学生跨越学科界限，将理论知识与实际应用紧密结合。通过这些活动，学生们可以在团队协作中碰撞出思想火花，将个体的创意汇聚成集体的智慧结晶。同时，比赛的竞争机制也能有效激发学生的斗志与潜能，促使他们在追求卓越的过程中不断突破自我。

此外，创新文化的持续发酵还需依赖于有效的激励机制与成果展示平台。通过设立奖项、提供资金支持或创业指导等方式，可以鼓励更多优秀项目落地实施，进而转化为推动行业发展的实际动力。同时，建立线上线下相结合的成果展示渠道，让学生的创新成果得到广泛认可与传播，也有助于形成示范效应，进一步激发全行业的创新热情。

五、推动政策落地

创新培养模式的实施，作为金融科技领域发展的核心驱动力，其深远影响不仅体现在政策落地的加速上，更在于对整个行业生态的积极塑造与提升。

（一）政策支持与行业发展

在金融科技日新月异的今天，政府政策的支持无疑为行业的快速发展提供了坚实的后盾。创新培养模式，正是这一背景下实施的关键举措，它不仅是教育模式的变革，更是政策与产业深度融合的桥梁。通过精准对接国家政策导向和地方发展需求，高校与企业携手共建的人才培养体系，能够确保人才培养方向与行业发展路径的高度一致，有效促进政策红利在行业中的充分释放。

具体而言，这种深度融合体现在以下几个方面：首先，政策引导为创新培养模式提供了明确的方向和目标，如鼓励跨界融合、强化实践能力等，为教育改革指明了道路；其次，高校与企业通过合作，共同研发符合市场需求的专业课程和实践项目，使教学内容更加贴近实际应用，提高了学生的就业竞争力和创新能力；最后，政策扶持下的产学研合作平台，为师生提供了丰富的实践机会和科研资源，加速了科技成果向现实生产力的转化，推动了金融科技行业的快速发展。

（二）促进标准化与规范化

标准化与规范化是金融科技行业健康发展的基石。创新培养模式在这一进程中发挥着不可替代的作用。通过建立科学、合理的人才评价体系，明确金融科技人才的核心能力要求和职业发展路径，有助于提升整个行业的人才素质和专业水平。同时，职业标准和认证机制的建立，不仅能够为人才的选拔和任用提供科学依据，还能够增强行业内部的互信与合作，促进资源的优化配置。

进一步来看，标准化与规范化的实现，需要政府、行业协会、高校及企业等多方共同努力。政府应出台相关政策法规，为标准化建设提供法律保障；行业协会应发挥桥梁纽带作用，推动行业标准的制定与推广；高校和企业则应积极参与标准制定过程，确保人才培养与行业需求的高度契合。在此基础上，通过持续的评估与反馈机制，不断优化和完善标准体系，确保其在行业中的有效实施和持续改进。

（三）助力金融科技生态建设

金融科技生态建设是一个系统工程，需要政府、高校、企业以及社会各界的共同努力。创新培养模式的实施，正是这一生态建设中的重要一环。它通过促进产学研用深度融合，打破了传统教育与产业之间的壁垒，实现了知识、技术、资本等要素的自由流动和高效配置。这种融合不仅提升了人才培养的质量和效率，也为金融科技行业的创新发展注入了新的活力。

在构建金融科技生态的过程中，创新培养模式还发挥着以下重要作用：一是促进了创新资源的集聚与共享，通过搭建开放合作的平台，汇聚了来自不同领域的优质资源，为行业创新提供了有力支撑；二是推动了跨界融合与协同创新，鼓励不同背景、不同专业的人才相互学习、相互启发，共同探索金融科技的新领域、新应用；三是增强了行业内部的交流与合作，通过举办学术交流、产业论坛等活动，促进了知识传播和经验分享，提升了整个行业的凝聚力和影响力。

通过以上分析可以看出，创新人才培养模式对金融科技行业的发展具有深远的影响，不仅能解决人才短缺问题，还能提升行业的创新能力和竞争力，为金融科技的可持续发展奠定坚实基础。

第五章

金融科技人才培养模式创新的侧重点

第一节　金融科技人才培养的能力侧重

一、心理素质

在金融科技这一日新月异、充满挑战与机遇的领域，从业人员的心理素质不仅是其职业成功的基石，更是整个行业稳健前行的关键。金融科技作为金融与科技的深度融合体，其快速迭代的技术、复杂多变的市场环境以及高风险、高收益的业务特性，对金融科技人才的心理素质提出了前所未有的要求。

（一）抗压能力的重要性

随着科技的日新月异和市场的不断变迁，金融科技领域正经历着前所未有的变革与挑战。这种背景下，金融科技人才的抗压能力不仅成为其个人能力的核心组成部分，更是整个行业稳健发展的关键要素。

1．市场波动的应对

金融市场的波动性是不可避免的，尤其是在金融科技加速发展的今天，这种波动性被进一步放大。信息的即时传递、数据的海量涌现、技术的不断创新，都使市场反应更加迅速且难以预测。面对这样的市场环境，金融科技人才必须具备强大的抗压能力，以应对各种突如其来的挑战。

抗压能力要求金融科技人才能够在市场波动中保持冷静的头脑、迅速捕捉市场动态、准确判断市场趋势。这种能力不仅考验着金融科技人才的专业素养，更考验着他们的心理素质。在压力之下，能够保持清晰的思维、做出理性分析，是金融科技人才在市场中立足的根本。同时，这种抗压能力也直接影响到企业的决策效率和风险控制水平。一个具备高抗压能力的团队，能够更快地响应市场变化，更准确地把握市场机遇，从而为企业赢得竞争优势。

2．高压工作环境的适应

金融科技行业的工作节奏之快、任务之重，是许多行业难以比拟的。项目截止日期的紧迫、资金流动的频繁、客户期望的高企构成了金融科技人才高压的工作环境。在这样的环境中，良好的抗压能力成为衡量一个人能否胜任工作的重要标准。

金融科技人才需要学会在高压下保持高效的工作状态，合理安排时间、优化工作流程，确保任务按时按质完成。这要求他们不仅需具备扎实的专业知识和技能，还需具备出色的时间管理和任务调度能力。同时，他们还需要关注自身的身心健康，通过适当的休息和放松来缓解工作压力，避免长期高压导致的职业倦怠和身心健康问题。因为，只有身心健康的人，才能在高压环境中保持高效的工作状态，为企业创造更大的价值。

3．决策质量的保持

在金融科技领域，决策的质量往往决定了企业的生死存亡。一个错误的决策，可能导致企业陷入困境甚至破产倒闭。因此，保持高质量的决策对于金融科技人才来说至关重要。而决策质量的高低，往往与决策者的心理素质密切相关。

在压力下，保持清晰的思维和判断力是做出合理决策的关键。金融科技人才需要学会在压力下保持冷静和理性，不被情绪所左右。他们需要全面考虑各种因素，权衡利弊得失，从而做出明智的决策。这种能力不仅关乎个人的职业发展，更直接关系到企业的兴衰成败。一个具备高抗压能力的决策者，能够在关键时刻保持冷静和理智，为企业把握机遇、规避风险提供有力保障。

4. 团队稳定的基石

一个具备高抗压能力的团队，能够在面对困难和挑战时保持团结和协作。成员之间能够相互鼓励、相互支持，共同攻克难关。这种团队精神不仅能够提升团队的战斗力，还能够增强成员的归属感和忠诚度。相反，如果团队成员缺乏抗压能力，很容易在压力下产生矛盾和冲突，导致团队分裂和士气低落。因此，培养团队成员的抗压能力，对于维护团队稳定和提升团队绩效具有重要意义。

5. 行业发展的推动力

从更宏观的角度来看，抗压能力在金融科技行业中的重要性还体现在其对行业发展的推动作用上。随着金融科技的不断发展和创新，行业内部的竞争也日益激烈。在这样的背景下，具备高抗压能力的企业和人才更容易脱颖而出，成为行业的佼佼者。

这些优秀企业和人才能够在市场波动中稳健前行，在高压环境下保持高效工作，在关键时刻做出明智决策。他们的涌现，不仅为整个行业树立了标杆和榜样，还推动了整个行业的进步和发展。因此，我们可以说，抗压能力是金融科技行业发展的重要推动力之一。

（二）自制能力的重要性

在金融科技这个充满诱惑和挑战的行业中，自制能力同样是金融科技人才不可或缺的心理素质之一。自制能力不仅能够帮助金融科技人才抵制各种诱惑，保持职业道德和法律法规的底线，还能够促进个人品牌和声誉的保护以及长期职业规划的实现。

1. 坚守职业道德

金融科技领域的快速发展不仅带来了前所未有的便捷与创新，也伴随着一系列道德与法律的挑战。在这个信息透明、监管严格的行业中，任何一次对职业道德的背离，都可能引发连锁反应，损害个人、企业乃至整个行业的信誉。因此，自制能力成为金融科技人才抵御诱惑、坚守底线的第一道防线。

自制能力强的人，能够在面对利益诱惑时保持冷静、不为短期利益所动、坚持原则、恪守职业道德。他们深知，一旦跨越了道德的边界，即使短期内获得了利益，也必将付出长期声誉受损的代价。这种对自我行为的严格把控，不仅是对自己负责，更是对整个行业生态的尊重与维护。

2．塑造个人品牌

在金融科技这个高度竞争的市场中，个人品牌成为衡量金融科技人才价值的重要标尺。一个优秀的个人品牌，不仅能为金融科技人才带来更多的职业机会和资源支持，还能在行业内树立起良好的口碑和形象。然而，个人品牌的建立并非一蹴而就，它需要长时间的积累和持续的努力，而自制能力则是这一过程中不可或缺的支撑。

金融科技人才需要时刻注意自己的言行举止，确保它们符合职业规范和社会公德的要求。在面对媒体采访、社交媒体互动等公开场合时，更是要谨言慎行，避免任何可能损害个人品牌的行为。这种对自我形象的精心维护，离不开自制能力的内在驱动。只有具备强大的自制能力，才能在纷繁复杂的信息环境中保持清醒、坚守自己的价值观，从而赢得他人的尊重和信任，建立起坚实的个人品牌。

3．制定长期职业规划

金融科技行业的变化日新月异，技术更新迅速，市场竞争激烈。在这样的环境下，金融科技人才需要不断调整自己的职业规划，以适应行业的变化和发展。而自制能力，则成为这一过程中不可或缺的导航灯。

面对短期利益的诱惑和眼前困难的挑战时，自制能力强的人能够保持清醒的头脑和坚定的信念。他们不会因为一时的得失而迷失方向，也不会因为眼前的困难而放弃努力。相反，他们会将目光投向更远的未来，坚持自己的职业目标和方向不动摇。他们深知，只有不断提升自己的专业能力和综合素质，才能在激烈的竞争中立于不败之地。因此，他们会持续学习、勇于挑战自我、不断追求卓越。这种对长期职业规划的坚持和努力，正是自制能力在金融科技行业中的重要体现。

4．增强团队协作

在团队中，每个人都有自己的角色和职责。如果每个成员都能自觉遵守团队规则、尊重他人意见、积极贡献自己的力量，整个团队就会形成一股强大的合力，推动项目向成功迈进。

然而，在实际工作中，难免会遇到意见不合、利益冲突等情况。此时，自制能力就显得尤为重要。只有具备自制能力的人才能在冲突面前保持冷静和理智，通过沟通协商寻求共识；只有具备自制能力的人才能在利益面前保持清醒和谦逊，以团队利益为重而不是个人利益为先。这样的团队成员不仅能够赢得他人的尊重和信任，还能够为团队营造出一个和谐、高效的工作氛围。

（三）心理素质的复合效应

金融科技人才的心理素质不仅会对其个人职业发展产生深远影响，还会对整个团队的协作效率、创新能力以及领导力等方面产生复合效应。

1. 团队协作的增强

良好的心理素质有助于金融科技人才在团队中发挥更大的作用。他们能够以更加积极的心态和开放的态度参与到团队讨论和合作中去；能够更好地理解和包容他人的观点和意见；能够更加有效地沟通和协调团队内部的关系和矛盾。这种积极的团队氛围不仅有助于提高团队的凝聚力和战斗力，还有助于激发团队成员的创新思维和创造力，从而推动整个团队在金融科技领域取得更加优异的成绩。

2. 创新能力的培养

在金融科技领域，创新能力是推动行业发展的核心动力之一。而创新能力的培养离不开良好的心理素质的支持。金融科技人才在面对压力和挑战时能够保持积极的心态和自我控制能力，能够不断挑战自己的舒适区并尝试新的方法和思路，能够在失败和挫折中吸取经验教训并不断完善自己的创新能力和实践技能。这种不断追求进步和创新的精神不仅有助于个人职业生涯的发展，还有助于推动整个金融科技行业的创新和发展。

3. 领导力的提升

对于金融科技领域的领导者而言，良好的心理素质是其领导力的重要组成部分。领导者需要具备强大的抗压能力来应对各种复杂和不确定的挑战、需要保持冷静和理智来做出正确的决策和规划，还需要拥有高度的自信和勇气来激励和指导团队成员。这些心理素质不仅能够帮助领导者在关键时刻保持冷静和果断，还能够在团队中树立威信和信任，从而增强整个团队的凝聚力和执行力。金融科技领域的领导者还需要具备前瞻性的思维和洞察力，以预测市场趋势和把握行业机遇。这种领导力的提升不仅有助于领导者个人职业生涯的发展，更能够引领整个团队和企业在金融科技领域取得更大的成功和突破。

综上所述，心理素质在金融科技人才培养中不仅影响着个人的工作表现和职业发展，还对团队协作、组织效能和行业创新产生着深远影响。因此，教育机构、企业和个人都应重视心理素质的培养，以适应金融科技行业的快速发展和挑战。

二、跨界能力

在金融科技领域，跨界能力是金融科技人才必须具备的关键素养之一。随着金融行业与科技行业的深度融合，金融科技人才必须具备跨越传统金融领域和现代科技领域的能力。这种跨界能力不仅涉及理论知识的掌控，还涉及沟通与协作能力的培养，使金融科技人才能够在不同领域之间进行有效的沟通和整合。

（一）跨界能力的重要性

跨界能力在金融科技领域的重要性日益凸显，它不仅塑造了行业的未来，也深刻地影响着每一位从业者的职业发展。

1. 金融与科技的融合

金融科技领域要求从业者不仅要精通金融市场的运作机制，包括宏观经济分析、金融产品设计、风险管理等核心知识，还需紧跟科技发展的步伐，掌握人工智能、大数据分析、区块链等前沿技术。跨界能力成为连接金融与科技之间的桥梁，使两者能够无缝对接，共同推动金融行业的数字化转型。通过跨界融合，金融科技不仅提升了金融服务的效率和质量，还拓宽了金融服务的边界，为实体经济提供了更加便捷、高效的金融支持。

2. 创新的推动力

在金融科技领域，创新是推动行业发展的核心动力，而跨界能力则是这股创新力量的源泉。通过跨学科的知识整合和思维碰撞，金融科技人才能够打破传统金融的局限，设计出符合市场需求、具有颠覆性的金融产品和服务。例如，利用人工智能技术进行信贷风险评估，可以大大提高评估的准确性和效率；通过区块链技术实现交易的去中心化和透明化，可以降低交易成本并增强信任。这些创新成果不仅提升了金融服务的智能化水平，还促进了金融市场的健康稳定发展。跨界能力让金融科技人才在创新的道路上不断前行，源源不断地为行业注入活力。

3. 解决复杂问题的能力

金融科技领域的问题往往具有高度的复杂性和综合性，涉及金融工程、风险管理、软件开发等多个方面。这就要求从业者必须具备强大的跨界能力，能够有效整合不同领域的知识和技术资源，形成系统性的解决方案。例如，在开发一款智能投顾产品时，金融科技人才需要综合运用金融学、数学、计算机科学等多个学科的知识，对用户的投资偏好、市场走势、风险承受能力等进行全面分析，从而制定出科学合理的投资策略。这种跨界的思考和实践能力对于解决金融科技领域的复杂问题至关重要。

4. 适应性强

随着金融市场的不断发展和科技领域的日新月异，对于金融科技人才的适应性提出了更高的要求。面对快速变化的市场环境和技术趋势，金融科技人才需要保持敏锐的洞察力和持续学习的能力，不断吸收新知识、新技术并将其应用于实际工作中。跨界能力使他们能够迅速适应行业变化，把握新的职业机会和发展方向。同时，随着金融科技与其他领域的进一步融合，如医疗健康、教育、智慧城市等，跨界能力将成为金融科技人才在未来竞争中脱颖而出的关键因素。

（二）跨界能力中的理论知识能力

跨界能力的重要性，在于它能够打破传统领域的界限，促进知识的融合与创新，从而开辟出前所未有的新领域、新机遇。

1. 理论知识的多元融合

金融科技领域要求人才不仅精通金融学、经济学的基本原理，还具备深厚的数学和统计学功底。这些看似独立的学科，在金融科技这一交叉领域中却紧密相连、相互支撑。金融学提供了市场运行、资本配置的基本理论框架；经济学则揭示了资源稀缺性与人类选择行为之间的内在逻辑；数学和统计学则为金融数据的处理、分析提供了强大的工具和方法。金融科技人才正是通过将这些学科知识融会贯通，才在复杂多变的金融市场中游刃有余，为金融决策提供精准的数据支持和科学的理论依据。

2. 深入分析与研究

在金融科技领域，面对海量的金融数据和复杂的市场环境，仅凭单一学科的知识往往难以做出全面而准确的判断。此时，跨界能力就显得尤为重要。它要求金融科技人才能够运用多学科的知识和方法，对金融问题进行多维度、多角度的剖析和解读。通过对理论知识的深入分析和研究，金融科技人才能够更加准确地识别金融市场的变化趋势和风险点，为金融机构提供更加科学、合理的投资建议和风险管理方案。

3. 理论与实践的桥梁

理论知识的价值在于指导实践，而实践则是检验理论是否正确的唯一标准。在金融科技领域，理论知识的掌握不仅仅是停留在书本上的概念理解和公式推导，更重要的是要能够将这些理论知识应用于实际的金融科技项目中。跨界能力使金融科技人才能够在理论与实践之间架起一座桥梁，既能够深入理解金融科技的最新理论进展和技术趋势，又能够将这些理论知识转化为具体的项目实施方案和技术解决方案。这种能力不仅提升了金融科技项目的成功率和效率，也推动了金融科技领域的持续创新和发展。

（三）跨界能力中的沟通与协作能力

跨界能力，简而言之，就是个体或团队能够跨越传统领域界限，融合多种知识与技能，以全新的视角和方式解决问题、创造价值的能力。在这一背景下，沟通与协作能力作为跨界能力的核心组成部分，其重要性更是不言而喻。

1. 跨界沟通

在金融科技这一高度交叉融合的领域，金融科技人才需要频繁地与具有不同专业背景的团队成员进行互动。金融分析师擅长市场趋势分析与风险评估，软件工程师精通代码编写与系统构建，而数据科学家则擅长数据挖掘与模型构建。这些角色各自拥有独特的专业知识和技能，但也存在天然的沟通障碍。因此，金融科技人才必须具备出色的跨领域沟通能力，能够用对方可以理解的语言阐述自己的想法，同时也能够倾听并理解他人的观点。这种沟通不仅有助于信息的准确传递，更能激发不同思维之间的碰撞与融合，从而催生出创新的火花。

2. 团队合作

在金融科技项目中，跨学科团队的合作已成为常态。这些团队由来自不同领域的专家组成，他们各自拥有独特的专业优势，但也面临着如何协同工作、共同实现项目目标的挑战。金融科技人才需要具备良好的团队合作精神，能够主动承担责任、积极贡献自己的力量，同时也能够尊重并信任他人，建立起良好的合作关系。在团队合作中，金融科技人才需要发挥桥梁作用，促进不同领域专家之间的交流与协作，确保团队能够高效运转，共同创造出更大的价值。

3. 项目管理

金融科技项目往往涉及多个领域和复杂的技术问题，需要综合运用多种资源和手段来推动项目的顺利进行。金融科技人才在参与项目管理时，需要具备全局观念和战略眼光，能够准确把握项目的目标和需求、合理调配资源，确保项目按时按质完成。同时，他们还需要具备良好的沟通协调能力和决策能力，能够在项目执行过程中及时发现问题、解决问题，确保项目的顺利进行。通过有效的项目管理，金融科技人才能够整合资源、凝聚力量，为项目的成功实施提供有力保障。

跨界能力是金融科技人才培养的核心能力之一。在金融科技领域，具备跨界能力的人才能够更好地理解和应用金融与科技，推动金融创新，解决复杂问题，并适应行业的变化。金融机构和教育机构应重视金融科技人才跨界能力的培养，以适应金融科技行业的快速发展。

三、数字化技能

随着金融行业与科技行业的深度融合，金融科技人才需要具备将数字技术应用于金融产品和服务的能力，以适应数字化金融人才战略。数字化技能不仅包括对相关技术工具的运用能力，还涉及对数据的深刻理解和应用能力，能够从大量数据中提取有价值的信息，为金融决策提供科学依据。

（一）数字化技能的重要性

在当今这个快速发展的时代，数字化能力的重要性越发凸显，尤其在金融行业这一传统与现代交织的领域中，其影响力更是深远而广泛。金融行业的数字化转型，不仅是顺应时代潮流的必然选择，更是推动行业创新、提升服务质效、增强竞争力的关键路径。

金融行业的数字化转型是一场深刻的行业变革。它不仅仅是技术层面的升级换代，更是业务模式、服务方式、管理理念等全方位的革新。金融科技人才在这一过程中扮演着至关重要的角色，他们需要深刻理解并精准把握数字化转型的核心要义，即利用数字技术优化业务流程、提高服务效率、增强客户体验。数字化手段，能够帮助金融行业打破传统服务模式的限制，实现业务流程的自动化、智能化，从而大大提升服务效率、降低运营成本。同时，数字化转型还能够促进金融产品的个性化、定制化，满足不同客户的多元化需求，进一步提升客户满意度和忠诚度。

（二）相关数字化技能

1. 数据分析技能

在数据驱动的时代，数据分析技能是金融科技人才不可或缺的基石。通过数据挖掘，金融科技从业者能够深入探索海量数据中的隐藏模式与关联，揭示市场趋势、客户需求及潜在风险；统计分析方法的应用，则可以将复杂的数据转化为可理解的、具有指导意义的洞察；数据可视化技术，更是将抽象的数据信息转化为直观、易懂的图表和图像，加速了决策制定的过程。这些技能共同构成了金融科技人才从数据中提取价值、指导业务决策的关键能力。

2. 人工智能与机器学习

人工智能与机器学习技术的兴起，为金融服务带来了前所未有的智能化变革。自然语言处理使机器能够理解并响应人类语言，从而提供更加个性化、便捷的金融服务体验。计算机视觉技术的应用，则拓宽了金融服务的边界，如通过图像识别技术实现远程身份验证、风险评估等。更重要的是，机器学习算法能够不断优化和改进金融模型，提高预测准确性、降低操作风险，推动金融服务的智能化升级。这一领域的技能掌握，对于金融科技人才而言，是适应行业变革、引领创新发展的关键。

3. 区块链技术

区块链技术的出现，为解决金融交易中的信任问题提供了全新的解决方案。通过加密货币、智能合约和分布式账本技术的应用，区块链技术显著增强了金融交易的安全性和透明度。金融科技人才掌握区块链技术，不仅有助于提升金融服务的效率和可靠性，还能推动金融创新，如开发基于区块链的供应链金融、跨境支付等新型服务模式。这一技能的掌握，对于金融科技人才而言，是把握行业前沿、推动金融服务模式变革的重要一环。

4. 云计算与分布式系统

随着金融业务的不断扩展和复杂化，云计算与分布式系统技术成为支撑金融服务高效运行的关键。云计算服务模型（IaaS、PaaS、SaaS）的灵活性和可扩展性，使金融机构能够快速响应市场需求变化、降低运营成本。而分布式系统的设计原则，则确保了金融服务的高可用性和容错性、保障了金融系统的稳定运行。金融科技人才了解并掌握这些技术，将有助于提升金融服务的灵活性和韧性，应对日益复杂的业务挑战。

5. 网络安全

在数字化时代，网络安全成为金融科技领域不可忽视的重要议题。金融科技系统面临着来自网络攻击和数据泄露的严重威胁，一旦遭受攻击，将给金融机构和客户带来巨大损失。因此，保护金融科技系统的安全性成为金融科技人才的重要职责。掌握加密技术、安全协议和合规性要求等网络安全技能，将有助于金融科技人才有效应对网络安全威胁，确保金融服务的稳定运行和客户数据的安全。

（三）对相关工具的运用能力

由前文可知，在金融科技领域中，从数据分析到人工智能、区块链等前沿领域，数字化工具的应用正快速改变着我们的工作方式和生活模式。因此，对于金融科技人才而言，掌握这些工具的运用能力不仅关乎职业生涯的发展，更是适应未来社会变迁的必然要求。

1．编程语言

从编程语言的角度来看，Python、Java、C++等语言已成为金融科技和数据分析领域的基石。它们为开发者提供了强大的工具集，使复杂的金融模型和数据分析任务得以高效实现。掌握这些编程语言，不仅能够帮助金融科技人才构建出功能强大的金融科技应用，还能够挖掘出隐藏的价值。这种能力对于提升工作效率、优化业务流程以及推动业务创新具有不可估量的价值。

2．数据库管理

无论是传统的SQL数据库还是新兴的NoSQL数据库，它们都是存储、检索和分析大规模数据集的关键。掌握数据库管理技术，能够让金融科技人才更加高效地管理和利用数据资源，为决策提供有力的支持。同时，随着数据量的不断增长和数据类型的日益多样，数据库管理技术也在不断更新迭代。因此，持续学习和掌握最新的数据库管理技术，对于保持个人竞争力具有重要意义。

3．数据分析库和框架

数据分析库和框架的运用能力同样重要。在大数据时代，如何高效地处理和分析海量数据成为许多企业和组织面临的共同挑战。R、Hadoop、Spark等数据分析库和框架的出现，为金融科技人才提供了强大的数据处理和分析能力。掌握这些工具，能够让金融科技人才在数据分析领域游刃有余，发现数据背后的规律和趋势，为企业决策提供更加精准的依据。

4．机器学习平台

随着人工智能技术的不断发展，机器学习已经成为推动金融科技和数据分析领域创新的重要力量。TensorFlow、Scikit-learn等机器学习平台为金融科技人才提供了丰富的算法库和工具集，使构建智能金融模型和进行预测分析变得更加简单和高效。掌握这些平台的使用技巧，能够让金融科技人才在人工智能领域保持领先地位，为企业创造更大的价值。

5. 区块链平台

区块链作为一种去中心化、不可篡改的技术，正在改变着金融、供应链、医疗等多个行业的运作方式。Ethereum、Hyperledger等区块链平台为我们提供了创建和管理加密货币、智能合约等新型金融产品的能力。掌握这些平台的使用技巧，能够让我们在区块链领域抢占先机，为企业开拓新的业务领域和市场空间。

数字化技能是金融科技人才的关键能力，它们使金融科技人才能够适应金融行业的快速变化，推动金融产品和服务的创新。金融机构和教育机构应重视金融科技人才数字化技能的培养，以适应金融科技行业的快速发展。

四、创新能力

在竞争日益白热化的金融市场中，创新能力不仅是推动金融业务边界拓展的核心引擎，更是金融机构在复杂多变的市场环境中保持竞争力的关键所在。

（一）创新能力是金融市场变革的催化剂

金融市场作为经济体系的核心组成部分，其发展与变革直接影响着经济的整体走势。在全球化、数字化浪潮的冲击下，传统金融模式正面临着前所未有的挑战。客户需求日益多元化、个性化，金融产品和服务需要更加灵活、便捷地响应市场变化。此时，创新能力便成为金融市场变革中不可或缺的催化剂。

具备创新型人才的金融机构能够敏锐地捕捉到市场需求的微妙变化，通过研发新产品、优化服务流程、提升用户体验等方式，不断满足客户的多元化需求。这种以市场为导向的创新策略，不仅增强了金融机构的市场竞争力，还促进了金融市场的整体繁荣与发展。

（二）创新能力促进金融科技深度融合

金融科技的快速发展为金融市场带来了前所未有的变革机遇。大数据、云计算、人工智能、区块链等前沿技术的应用，正在深刻改变着金融业务的运作模式和风险管理模式。而这一切的背后，都离不开创新能力的支撑。

金融科技人才和团队通过持续的技术创新，将传统金融业务与新兴技术深度融合，创造出了一系列颠覆性的金融产品和服务。例如，利用大数据和人工智能技术，金融机构可以实现更加精准的客户画像和风险评估；通过区块链技术，可以实现交易流程的透明化、可追溯和不可篡改，提升金融交易的安全性和效率。这些创新成果不仅提升了金融服务的质量和效率，还推动了金融行业的整体升级和转型。

（三）创新能力是金融机构持续发展的动力源泉

在快速变化的金融市场中，金融机构要想保持持续的发展动力，就必须具备强大的创新能力。只有不断创新，才能在激烈的市场竞争中立于不败之地。

一方面，创新能力有助于金融机构拓展新的业务领域和增长点。随着金融市场的不断开放和竞争的加剧，金融机构需要不断探索新的业务领域和增长点，以应对市场变化带来的挑战。具备创新能力的金融机构能够敏锐地捕捉到市场机遇，通过研发新产品、拓展新市场等方式，实现业务的多元化和差异化发展。

另一方面，创新能力还有助于金融机构优化内部管理和提升运营效率。随着金融科技的不断发展，金融机构需要不断升级和完善自身的信息系统和管理体系，以适应市场的变化。具备创新能力的金融机构能够积极引入新技术、新方法，优化内部管理流程和服务模式、提升运营效率和服务质量，从而在激烈的市场竞争中占据有利地位。

综上所述，创新能力在金融市场中的重要性不言而喻。它不仅是推动金融市场变革的催化剂和金融科技深度融合的关键所在，还是金融机构持续发展的动力源泉。因此，教育机构应高度重视创新能力的培养和发展，通过教育系统的支持、金融行业的引导以及全社会的共同努力，为金融市场的繁荣与发展输出更多的创新型人才。

五、国际化视野

在金融科技领域，国际化视野对于人才培养至关重要。随着全球化的深入发展，金融人才需要具备国际化视野，能够从全球的角度分析和思考金融问题。这要求他们了解全球金融市场的发展动态和趋势，具备对国际金融环境变化的敏锐反应能力。同时，国际化技能也是不可或缺的，包括跨文化交流能力、流利的英语及其他外语能力，以及对国际贸易和投资的基本知识。教育机构需要加强国际交流与合作，帮助学生在多元文化中成长，培养其全球化视野和跨国运营能力，以适应日益全球化的金融市场需求。

（一）国际化视野的重要性

1. 理解全球市场

金融科技人才需要掌握基本的金融市场运作机制，如股票、债券、外汇等市场的交易规则，同时还要深入理解不同国家和地区的市场特性、法律法规以及文化差异。这种理解不仅仅是理论上的知晓，更需要在实践中不断摸索和验证。只有真正融入全球金融市场的脉络中，金融科技人才才能准确捕捉市场动向，为企业决策提供有力支持。

2. 拓展国际业务

随着企业国际化战略的深入实施，金融科技人才正在逐渐成为推动企业跨越国界、拓展国际业务的重要力量。他们不仅需要具备敏锐的市场洞察力，发现潜在的投资机会，还需要协助企业优化全球资产配置，确保资产的安全与增值。同时，面对跨国经营带来的复杂风险，金融科技人才还需具备卓越的风险管理能力，为企业保驾护航。这种从本土到全球的跨越，不仅考验着金融科技人才的专业素养，更考验着他们的国际视野和战略眼光。

3. 促进跨文化交流

在全球化的工作环境中，金融科技人才需要与来自世界各地的同事、客户和合作伙伴进行频繁而有效的沟通。这要求他们不仅要精通多门语言，更要深入了解不同文化的内涵和特点，尊重并适应不同的沟通方式和习惯。金融科技人才通过搭建跨文化交流的桥梁，能够促进不同文化之间的理解和融合，为企业创造更加和谐的国际工作环境。

4. 遵循国际规则

金融科技行业作为高风险领域之一，其业务活动必须严格遵守国际金融规则和标准。金融科技人才需要熟悉并掌握这些规则和标准，如国际会计准则、反洗钱法规、国际贸易协定等，以确保企业业务的合规性和稳健性。同时，他们还需要密切关注国际金融规则的动态变化，及时调整企业策略以应对潜在的风险和挑战。这种对国际规则的深刻理解和严格遵循不仅是对企业负责的表现，更是对全球金融市场稳定发展的贡献。

5. 洞察全球经济趋势

在全球化的今天，经济趋势瞬息万变，金融科技人才需要具备敏锐的洞察力和判断力以把握全球经济发展趋势的脉搏。他们需要关注货币政策、贸易政策、地缘政治事件等可能影响金融市场的重大因素，并深入分析这些因素对企业业务的影响和潜在机遇。通过把握全球经济趋势，金融科技人才能够为企业制定更加科学合理的战略规划和金融决策，以确保企业在激烈的市场竞争中立于不败之地。

由此可见，国际化视野对于金融科技人才的发展至关重要。在全球化的金融环境中，具备国际化视野的人才能够更好地把握国际金融市场的动态，参与国际金融活动，为企业的国际化发展提供支持。教育机构和企业应重视金融科技人才国际化视野的培养，以适应金融科技行业的快速发展和全球化趋势。

（二）相关国际化技能

为了在这个竞争激烈的领域中脱颖而出，金融科技人才不仅需要掌握深厚的金融科技知识，还需要具备一系列国际化能力。这些能力不仅有助于他们在国际舞台上更好地发挥作用，还能提升他们的职业竞争力和视野广度。

1. 跨文化交流能力

在全球化的今天，金融科技行业已经跨越了国界，成为全球性的产业。因此，金融科技人才在日常工作中需要与来自不同国家和地区的同事、客户及合作伙伴进行频繁的交流与合作。这就要求他们必须具备深厚的跨文化交流能力，能够理解和尊重不同文化背景下的商业习惯和价值观，从而建立起有效的沟通和协作关系。这种能力不仅有助于减少误解和冲突，还能促进团队之间的合作与创新、推动项目的成功实施。

2. 流利的英语及其他外语能力

英语作为国际商务和金融的主要语言，在金融科技行业中同样具有举足轻重的地位。金融科技人才需要熟练运用英语进行口头和书面交流，以便在国际会议、谈判和商务活动中表达自己的观点和想法。同时，随着全球经济的不断发展，掌握其他国际语言也将为金融科技人才带来更多的职业机会和发展空间。例如，掌握西班牙语、法语、德语或中文等将使他们在与相应国家和地区的合作伙伴进行交流时更加得心应手。因此，金融科技人才应该注重培养自己的语言能力、不断提升自己的外语水平。

3. 对国际贸易和投资的基本知识

在全球化的经济环境中，金融科技行业与国际贸易和投资密切相关。首先，金融科技人才需要了解世界贸易组织的规则、区域贸易协定以及国际贸易的法律框架等基本知识，以便在跨境业务中遵守相关法规和规定。其次，他们还需要熟悉全球股票、债券、货币和衍生品市场等的运作机制及相互作用关系，以便为企业提供更加精准和专业的金融服务。最后，金融科技人才还需要具备评估跨国投资机会和风险的能力，能够基于数据和分析为企业提供科学的投资建议和决策支持。这些知识和技能将有助于金融科技人才更好地适应全球化经济环境的要求，提升自己在国际舞台上的竞争力。

第二节　金融科技人才培养的方向侧重

一、重视改善金融人才的内外成长环境

（一）成长环境对金融科技人才的影响

在金融科技人才的成才与发展过程中，成长环境深刻地影响着其思维方式、

价值观以及职业素养的形成。金融科技作为一个高度交叉、快速迭代的领域，其人才的成长环境显得尤为复杂且多元。

1．外部环境

（1）基础教育

基础教育是金融科技人才成长的起点，它奠定了人才后续发展的基石。在这个阶段，学校不仅传授基础的学科知识，如数学、计算机科学、经济学等，还通过课程设置、教学方法等方式，培养学生的逻辑思维能力、问题解决能力和创新思维。这些能力对于金融科技人才至关重要，因为它们直接关系到其在复杂金融场景中应用技术、分析数据、制定策略的能力。

此外，基础教育还注重培养学生的道德品质和社会责任感。在金融科技领域，诚信、合规、客户至上等价值观尤为重要。基础教育阶段的品德教育，有助于金融科技人才在职业生涯中坚守道德底线，避免违法违规行为、维护行业声誉。

（2）家庭教育

家庭教育是人才成长过程中不可或缺的一环。它不仅仅是知识的传授，更是情感的交流、价值观的传递和行为习惯的养成。在金融科技领域，家庭教育对人才的影响主要体现在以下几个方面。

第一，价值观塑造。家庭是孩子的第一所学校，父母的言行举止、价值观念都会对孩子产生深远影响。一个注重诚信、勤奋、创新的家庭环境，有助于培养金融科技人才正直、坚韧、勇于探索的品质。

第二，情感支持。在金融科技领域，人才往往面临巨大的工作压力和挑战。家庭的情感支持成为他们坚持下去的重要动力。一个温馨和谐的家庭氛围，能够减轻人才的心理负担，提高其工作效率和创造力。

第三，习惯养成。良好的生活习惯和学习习惯对于金融科技人才的成长至关重要。家庭可以通过制定合理的时间表、鼓励自主学习等方式，帮助孩子养成自律、专注的习惯，为未来的职业生涯打下坚实的基础。

（3）社会实践与社会舆论监督

社会实践是金融科技人才将理论知识转化为实践能力的重要途径。通过参与实际项目、实习、志愿服务等活动，人才可以深入了解金融科技的应用场景、业务流程和行业规范，积累宝贵的实践经验。同时，社会实践也是检验人才综合素质的重要平台，能够锻炼其沟通能力、团队协作能力和解决问题的能力。

社会舆论监督则是对金融科技行业及其从业人员行为的重要约束力量。它通过对违法违规行为的曝光和批评，引导行业健康发展，促进从业人员自觉遵守职业道德和法律法规。对于金融科技人才而言，社会舆论监督能够强化其合规意识、风险意识和责任意识，推动其不断提升职业素养和专业水平。

2．内部环境

（1）金融机构

金融机构对人才的重视程度直接影响到金融科技人才的成长环境。一个重视人才的企业会制定合理的人才发展战略、完善的人才培养机制和公正的选拔机制，为金融科技人才提供广阔的发展空间和晋升机会。在这样的环境中，金融科技人才能够感受到企业的关怀和支持，从而更加积极地投入工作和学习中。

（2）人才培养与选拔机制

金融机构的人才培养与选拔机制是内部环境的核心组成部分。一个完善的人才培养机制应该包括系统的培训计划、丰富的实践机会和个性化的职业发展路径。通过参加培训课程、参与实际项目、接受导师指导等方式，金融科技人才可以不断提升自己的专业技能和综合素质。同时，金融机构还应该根据人才的特长和兴趣制定个性化的职业发展路径，帮助他们实现职业目标和个人价值。

在选拔机制方面，金融机构应该坚持公平公正的原则，建立科学的评价体系和透明的选拔流程。通过综合评价业绩、能力、潜力等因素，选拔出真正优秀的金融科技人才担任重要岗位和承担重要任务。这样不仅能够激发人才的积极性和创造力，还能够提升整个团队的凝聚力和战斗力。

（3）企业文化的影响

企业文化是金融机构内部环境的重要组成部分。它体现了企业的价值观、经营理念和行为准则，对金融科技人才的成长产生着深远的影响。一个积极向上的企业文化不仅能够激发人才的潜能和创造力，促进他们不断追求卓越和进步，还能够增强人才的归属感和认同感，使他们更加愿意为企业贡献自己的力量。

在金融科技领域，企业文化还应该注重创新、开放和包容。创新是金融科技发展的核心动力，只有不断追求创新才能保持竞争优势；开放则意味着企业要与外部世界保持紧密联系和合作交流；包容则要求企业尊重人才的个性和差异，为不同背景、不同专业的人才提供发挥才能的舞台。

（二）改善金融科技人才成长环境的策略

1．为人才的独立实践创造条件

（1）家庭教育

家长应从小培养孩子的自立能力，鼓励他们参与家务劳动，学会独立思考和解决问题。通过实践，孩子们可以逐渐形成坚韧不拔的性格和勇于探索的精神，为未来的学习和工作打下坚实的基础。

（2）学校教育

学校应加强实践教学环节，将理论知识与实际操作相结合，提高学生的实践能力和创新能力。通过组织各类实践活动、科研项目和实习实训等，学生亲身体验金融科技的实际应用，激发他们的学习兴趣和热情。同时，学校还应加强对学生心理健康的关注，帮助他们建立正确的价值观和人生观，为未来的职业生涯做好准备。

（3）社会支持

社会各界应共同努力，为金融科技人才的独立实践创造更加有利的环境。政府可以出台相关政策，鼓励企业加大对金融科技领域的投入，支持科技创新和人才培养；金融机构也应积极参与其中，为人才提供实践机会和平台，帮助他们积累经验和提升能力。

2．及时建立并完善金融不良人员信息库

在金融科技领域，人才的质量直接关系到行业的健康发展。为了保障行业的稳定和信誉，我们需要及时建立并完善金融不良人员信息库，对不良人员进行记录和监管。这不仅可以加大市场监督力度，还可以对在职人员形成有效的制约和警示作用。在金融机构内部，我们应该从高层做起，树立尊重人才、珍惜人才的

良好风气，为人才的成长和发展创造更加宽松和有利的环境。

3. 渠道多元化

为了吸引和留住更多优秀的金融科技人才，我们需要为他们的成长和事业成功设立多种渠道。具体来说，可以从以下几个方面入手。

（1）建立多元化的职业发展路径

企业应该打破传统的管理岗位晋升模式，为人才提供更加多元化的职业发展路径。比如，可以设立专业技术岗位、研发岗位、销售岗位等多种岗位类型，让人才根据自己的兴趣和特长选择适合自己的职业发展方向。这样不仅可以避免"千军万马"争走管理岗位一条道路的局面，还可以激发人才的创新精神和创造力。

（2）完善激励机制

企业应该建立科学合理的激励机制，对优秀人才进行物质和精神上的双重奖励。在物质方面，可以加大薪酬激励力度，提高人才的薪资待遇和福利待遇；在精神方面，可以设立各类荣誉奖项和表彰机制，对优秀人才进行表彰和奖励。这样可以激发人才的积极性和创造力，促进他们的成长和发展。

（3）加强人才培养和引进

企业应该加强金融科技人才的培养和引进工作。在人才培养方面，可以通过与高校、研究机构等合作开展产学研合作项目，培养具有创新精神和实践能力的高素质人才；在人才引进方面，可以通过制定优惠政策、提供良好的工作环境和职业发展机会等方式吸引更多的优秀人才加入金融科技领域。

二、要重视金融人才培养教育方式的创新

重视金融人才培养教育方式的创新是提升专业技术技能水平和综合素质的又一关键环节。我国金融行业人才培养主要有两种途径，一是基础性教育；二是职业的再培训。唯有创新，才能使我国目前金融人才培养富有成效。

（一）基础金融教育的创新

为了培养具备扎实理论基础与卓越实践能力的金融人才，教育机构亟须对现

有的教育模式进行深刻反思与全面革新。

1. 深化案例式教学

案例教学作为一种以实际问题为导向的教学方法，能够极大地促进学生对金融专业理论知识的深入理解和灵活运用。通过选取具有代表性、典型性的金融案例，可以引导学生运用所学知识进行分析、讨论和解决，从而培养他们的逻辑思维能力和批判性思维能力。同时，案例教学还能够激发学生的学习兴趣和主动性，使他们在参与过程中感受到金融学的魅力和实用性。值得注意的是，为了确保案例教学的质量和效果，教育机构需要加强与金融机构的有效合作。金融机构应主动承担起社会责任，为院校提供丰富、真实的金融案例资源，助力院校构建完善的案例教学体系。

2. 强化模拟教学

模拟教学能够让学生在模拟的真实环境中进行金融业务操作，从而加深对金融业务流程和规范的理解与掌握。在"证券投资学""银行会计学""国际金融学"等核心课程中引入模拟教学，不仅可以增强学生的实践能力和操作能力，还能够提高他们的职业素养和综合能力。为了实现这一目标，我们需要投入更多的教学资源和技术支持，打造高质量的模拟教学平台和环境。

3. 落实"走出去，请进来"策略

一方面，教育机构要积极创造条件让学生走出校园，到金融实际部门和金融监管部门去实习和学习。通过亲身参与金融实践，学生可以更加直观地了解金融市场的运作机制和金融业务的操作流程，从而加深对金融专业的理解和认识。

另一方面，教育机构还要邀请金融实际部门的专业人士来校讲课或举办讲座，使学生能够及时掌握最新的金融发展状况和趋势。这种"请进来"的方式不仅可以拓宽学生的视野和知识面，还能够促进校企之间的深度合作与交流。

（二）在职培训教育的创新

在职培训教育机制是企业和组织提升员工能力、促进个人成长与发展的重要手段。为了更有效地实现目标，企业和组织必须不断创新和完善这一机制。

1. 加强人力资源管理人员的培训

人力资源管理部门作为企业和组织内部的重要部门，其专业性和能力水平直接影响到整个人力资源管理体系的运作效率和质量。因此，加强人力资源管理人员的培训是提升在职培训教育机制的首要任务。

针对人力资源管理人员的培训应聚焦于提升其专业知识和技能，包括但不限于招聘与配置、培训与发展、绩效管理、薪酬福利管理以及员工关系管理等方面。通过系统的学习和实践，人力资源管理人员能够熟练掌握人力资源管理的核心理论和工具，为企业的战略发展提供有力的人力资源支持。

在培训过程中，应注重培养人力资源管理人员的创新思维和问题解决能力。引导他们关注行业动态和前沿趋势，鼓励他们提出新的想法和解决方案，以应对不断变化的市场环境和业务需求。

除了理论学习，还应加强人力资源管理人员的实践能力培养。通过模拟演练、案例分析、实地考察等方式，他们在实践中学习和成长，提升了解决实际问题的能力。

2. 拓宽培训范围，实现全面发展

在职培训教育机制不仅要关注员工的专业技能提升，还要注重员工的全面发展。因此，需要拓宽培训范围，将专业技能与道德心理等其他知识培训结合起来进行。

职业道德和操守是员工在工作中必须遵守的基本准则。通过培训教育，引导员工树立正确的价值观和职业观，增强他们的责任感和使命感。同时，加强对员工职业操守的监督和考核，确保员工在工作中能够遵守职业道德规范。

除专业技能，员工还需要具备良好的综合素质，包括沟通能力、团队协作能力、创新能力等。因此，在培训过程中应注重提升员工的综合素质，通过团队建设、角色扮演、案例分析等方式培养他们的沟通能力和团队协作能力；通过创新思维训练激发他们的创新潜能。

随着工作压力的增大和生活节奏的加快，员工的心理健康问题日益凸显。因此，在培训过程中应关注员工的心理健康问题，提供必要的心理支持和帮助。通过开设心理健康讲座、提供心理咨询等方式帮助员工缓解压力、调整心态，保持

积极向上的工作状态。

3. 引进新的人才培训手段

随着科技的不断发展和社会环境的不断变化，传统的人才培训手段已经难以满足企业和组织的需求。因此，需要引进新的人才培训手段以提升培训效果。例如，通过互联网和大数据技术可以实现对员工学习行为的跟踪和分析，为个性化培训提供数据支持。同时，还可以利用在线学习平台为员工提供丰富的学习资源和灵活的学习方式。

三、要重视对金融人才的分配激励作用

（一）收入分配与人才流失

在当前的经济环境中，一些国有金融机构正面临着人才流失的困境，这一现象的根源，在很大程度上可以归结为收入分配机制的落后与僵化。与此同时，中小金融机构虽然拥有相对灵活的分配制度，却也暴露出不规范、欠科学、缺乏可持续性的发展问题。这种现状不仅限制了金融机构自身的健康发展，更阻碍了人才的成长与价值的实现。

在国有金融机构中，传统的收入分配机制往往难以准确反映员工的实际贡献与才干，导致"干多干少一个样，干好干坏一个样"的现象普遍存在。这种机制下，员工的工作积极性与创造力受到严重抑制，他们难以从工作中获得应有的成就感与满足感，进而对金融机构的忠诚度与贡献度大打折扣。此外，随着市场竞争的日益激烈，那些具有卓越才能与贡献的员工往往会寻求更为公平、合理的薪酬待遇，从而加速了国有金融机构的人才流失。

相比之下，中小金融机构虽然拥有较为灵活的分配制度，但往往由于缺乏科学、规范的指导，制度执行过程中存在诸多弊端。例如，一些中小金融机构在分配过程中过于随意，缺乏透明度与公正性；过于强调短期效益，忽视了员工的长远发展与金融机构的可持续发展。这些问题不仅影响了员工的工作积极性与稳定性，也制约了金融机构的整体竞争力与创新能力。

（二）激励考核制度的改革

当前，随着我国经济的持续健康发展，一些大中城市的金融机构已经具备了良好的经营效益与改革条件。因此，这些金融机构应抓住机遇，勇于探索与实践，通过改革收入分配等激励考核机制来有效调动人才的积极性与能动性。

具体而言，金融机构在改革过程中应坚持以下几个原则：一是公平性原则，即确保分配制度能够准确反映员工的实际贡献与才干，让每一位员工都能感受到公平与公正；二是激励性原则，即通过物质激励与精神激励相结合的方式，充分激发员工的工作热情与创造力；三是可持续性原则，即注重分配制度的长期效应与金融机构的可持续发展能力，避免短期行为对金融机构造成的不利影响。

在改革实践中，金融机构可以从以下几个方面入手：一是完善绩效考核体系，通过建立科学、合理的绩效考核指标体系与评估机制来准确衡量员工的工作业绩与贡献程度；二是优化薪酬结构，通过调整薪酬构成与比例关系来增强薪酬的激励作用与导向作用；三是强化员工培训与发展，通过提供丰富的培训资源与发展机会来帮助员工提升自身素质与职业竞争力；四是营造良好企业文化氛围，通过加强企业文化建设来增强员工的归属感与忠诚度，进而提升金融机构的凝聚力与战斗力。

第六章

金融科技人才的知识体系构建

第一节　金融科技核心知识体系的基础框架

一、金融基础知识

（一）金融市场的结构与功能

金融市场是资金供需双方进行交易的场所，其结构复杂而多元，承担着资本配置和风险管理的核心功能。金融市场可分为多个子市场，每个市场都有其独特的结构和运作机制。

1. 资本市场

资本市场包括一级市场和二级市场。一级市场是证券首次发行的地方，企业通过首次公开募股（IPO）获得资金。在这一过程中，投资者购买的是新发行的证券，直接向企业提供资金。这一市场的运作不仅涉及企业的融资需求，还影响着市场的整体流动性和投资者的投资策略。二级市场则是投资者之间的证券交易市场，主要作用是为已发行证券提供流动性，使投资者可以在需要时方便地买入或卖出证券。两个市场共同构成了企业融资的重要渠道，促进了资本的有效配置、增强了经济的整体活力。

2. 货币市场

货币市场是短期金融工具（如国库券、回购协议等）的交易市场，主要用于资金的短期调度和流动性管理。货币市场的运作机制对于金融科技人才尤其重要，因为它涉及短期利率的变化和流动性风险的控制。理解货币市场的特点可以帮助人才在流动性管理和短期投资中决策更加准确，从而为企业或客户提供更为有效的资金管理策略。

3. 衍生品市场

衍生品市场为风险管理提供了有效手段，包括期货、期权等衍生工具。这些工具允许投资者和企业对冲潜在的价格波动风险，为其提供了灵活的风险管理方案。金融科技人才需要掌握衍生品的基本运作原理和使用场景，以便在面对市场波动时能快速做出反应，并制定相应的风险管理策略。

此外，金融市场的有效性理论也值得深入关注。有效市场假说（EMH）提出，所有可用的信息均已反映在证券价格中，这一理论对金融产品的定价及投资策略的制定产生了深远的影响。理解这一理论能够帮助金融科技人才更好地评估市场行为与趋势，从而制定出更加合理和有效的投资决策。在不同市场环境中，金融科技人才应能够分析信息的反应速度以及其对市场价格的影响，这样的能力对于优化投资组合及风险控制至关重要。

（二）金融工具的类型与运用

金融工具是实现资金流动和风险管理的重要工具，其类型多样、功能各异。掌握不同金融工具的特性及运用方式，是金融科技人才的基本素养。

1. 传统金融工具

传统金融工具包括股票、债券和存款等。股票代表企业的所有权，投资者通过持有股票参与企业的盈利与风险分担；债券是企业或政府为筹集资金而发行的债务工具，投资者购买债券相当于向发行方提供贷款，获得固定的利息收益；存款是个人或企业将资金存入银行的一种方式，通常会产生利息。这些传统工具在资本市场中占据重要地位，是构建投资组合的基础。

2．衍生金融工具

衍生金融工具的价值依赖于其他基础资产的表现，主要包括期货、期权和掉期等。期货合约是一种标准化的协议，规定在未来某一特定时间以约定的价格买卖特定资产；期权赋予持有人在未来某一时点特定价格买入或卖出资产的权利；掉期是指两方约定交换现金流的合约，常用于利率或货币的对冲。金融科技人才应熟悉这些工具的定价模型和风险特征，以便在不同市场情况下有效运用。

3．新兴金融工具

随着科技的发展，新兴金融工具如众筹、数字货币和智能合约等逐渐兴起。众筹是通过互联网平台向公众募集资金的方式，已成为创新企业融资的重要渠道；数字货币利用区块链技术实现去中心化交易，挑战传统金融体系的运作模式；智能合约是自执行的合约，允许在合约条件满足时自动进行交易。这些新兴工具为金融科技人才提供了新的视角与机遇，理解其运作机制将有助于人才在金融创新中发挥重要作用。

4．风险管理工具

在复杂的市场环境中，风险管理工具显得尤为重要。除了衍生品，保险、对冲基金等也是常用的风险管理工具。保险可以为投资者提供一定的保障，而对冲基金则通过多种策略在市场波动中寻求收益。金融科技人才需掌握如何有效地运用这些工具进行风险评估与管理，以实现资产的保值增值。

二、技术应用能力

（一）编程语言的应用

编程语言是金融科技人才进行数据分析与建模的基本工具。在金融领域，Python因其简洁易用、强大的数据处理能力而成为热门选择。通过Python，金融科技人才可以利用如NumPy和Pandas等库进行数据处理，清洗和整合海量数据。这些操作不仅可以提高工作效率，还能确保数据的准确性，为后续分析奠定基础。此外，借助Scikit-learn等机器学习库，人才能够构建和优化各种预测模型，支持自动化交易决策和风险管理策略。

R语言在统计分析方面具有独特优势，使其成为金融数据分析的重要工具。掌握R语言的时间序列分析和回归分析功能，金融科技人才能够进行市场趋势预测和回报分析。这种技术能力不仅提升了他们在投资决策中的科学性，还能够通过可视化工具（如ggplot2）将复杂的数据呈现为易于理解的图形，从而帮助利益相关者更好地理解和解读分析结果。

此外，Java和C++等其他编程语言在高频交易和量化分析中也扮演着重要角色。金融科技人才应了解这些语言的基本特性，掌握其在算法交易和实时数据处理中的应用，以便在竞争激烈的市场中脱颖而出。

（二）数据库管理与信息系统

在金融科技的背景下，数据库管理显得尤为重要。金融科技人才需要理解关系型数据库（如MySQL）与非关系型数据库（如MongoDB）的基本原理和应用场景。关系型数据库适用于结构化数据的管理，而非关系型数据库则在处理大规模、非结构化数据时更具灵活性和扩展性。熟悉这些数据库的索引、查询优化和安全管理，可以提高数据访问的效率和安全性，为数据驱动的决策提供强有力的支持。

此外，金融科技人才还需掌握数据仓库和数据湖的概念，理解如何利用这些技术实现数据的集成与分析。数据仓库通过整合不同来源的数据，支持复杂的查询和分析，而数据湖则允许存储原始数据，方便后续的多种分析需求。理解这些概念有助于人才在实际工作中有效利用和管理金融数据资源。

信息系统的集成与管理同样是金融科技人才需要关注的内容。了解金融信息系统（如客户关系管理系统、风险管理系统、财务管理系统等）的构建与应用，可以帮助他们在金融服务中提升客户体验和运营效率。通过系统集成，金融机构能够实现信息共享，促进业务流程的自动化与优化，从而在竞争中保持优势。

（三）区块链与智能合约

区块链技术的核心特性在于去中心化、透明性和不可篡改性，这些特性为金融服务的安全性与效率提供了新的解决方案。金融科技人才应深入理解区块链的基本原理及其在金融行业的应用场景。例如，区块链可用于实现跨境支付、资产证券化和供应链金融等多种应用，通过降低中介成本和交易时间，提高整体交易效率。

智能合约作为区块链技术的一种创新应用，允许合同的自动执行，进一步提升了金融交易的效率和安全性。金融科技人才需要掌握智能合约的编写与部署，理解其在自动化金融交易、信用评级和合规性检查等方面的潜力。通过智能合约，金融机构能够在不依赖第三方的情况下，确保交易的可靠性与执行的透明性。

此外，随着去中心化金融（DeFi）和非同质化代币（NFT）的兴起，金融科技人才还需关注这些新兴领域的技术发展与市场动态，理解它们如何重塑传统金融生态、推动金融服务的创新与变革。

（四）数据分析与机器学习

数据分析在金融科技中扮演着不可或缺的角色，金融科技人才必须掌握各种数据分析方法和工具。除了基本的描述性统计，人才还需掌握探索性数据分析（EDA），以识别数据中的模式和趋势。通过使用可视化工具（如Tableau、Matplotlib等），它们可以将复杂的数据分析结果转化为易于理解的图形，帮助决策者在短时间内做出反应。

机器学习作为数据分析的高级形式，能够挖掘数据中的深层次关系。金融科技人才需要了解监督学习与非监督学习的基本概念，掌握如何构建分类、回归和聚类模型。这些模型能够在信贷风险评估、市场预测和客户细分等领域提供更为精准的决策支持。

此外，随着人工智能的发展，深度学习技术也逐渐被应用于金融科技。人才需要理解深度学习的基本原理及其在图像识别、自然语言处理等方面的应用，这将为金融服务的创新提供更广阔的视角。

通过提升技术应用能力，金融科技人才能够有效地应对快速变化的市场需求和技术挑战，为金融行业的创新与发展贡献力量。

三、数据分析技能

（一）数据收集与处理

有效的数据分析始于高质量的数据收集，金融科技人才需要掌握多种数据收集方法，以便在不同的应用场景中灵活运用。这些方法包括网络抓取、API调用和数据集成等。网络抓取技术使人才能够从网站和在线平台上提取所需的数据，尤其在处理实时金融信息时极具价值。而通过API调用，人才能够直接从金融服务提供商、市场数据源或社交媒体等处获取数据，这种方法确保了数据的及时性和相关性。数据集成则涉及将来自不同来源的数据进行整合，为后续的分析提供一个全面的视角。

在数据收集之后，数据清洗是至关重要的步骤。金融科技人才需要熟练掌握数据清洗技术，包括去重、缺失值处理和异常值检测等。这些技术能够确保分析数据的准确性与可靠性，避免数据问题导致的错误分析结果。例如，去重技术可以消除重复数据记录，缺失值处理技术（如插补法和删除法）能够应对数据不完整的情况，而异常值检测则帮助识别可能的错误数据或极端值，从而提高数据质量。

（二）统计学基础与分析方法

具备统计学基础是金融数据分析的重要前提。统计学的基本概念和方法为数据分析提供了理论支持。描述性统计是最基本的分析方式，金融科技人才需熟练应用均值、方差和标准差等指标快速了解数据的整体特征。此外，数据的分布情况（如正态分布、偏态分布等）也对分析结果有重要影响。通过描述性统计，人才能够迅速识别数据的潜在问题，如异常值或数据偏斜，这为进一步的分析奠定了基础。

推断统计则用于根据样本数据进行推论，金融科技人才必须熟悉假设检验和置信区间的计算。这些工具能够帮助分析者在数据不完全的情况下，做出合理的判断和推测。例如，通过假设检验，人才能够验证某个金融产品的收益率是否显著高于市场基准，从而为投资决策提供依据。同时，置信区间的计算帮助人才理解结果的不确定性、评估决策的风险。

回归分析是常用的数据分析方法之一，能够帮助金融科技人才探索变量之间的关系。掌握线性回归、多元回归和逻辑回归等技术，有助于在风险预测、信用评分等领域进行深入分析。线性回归用于评估连续变量之间的线性关系，而多元回归则允许分析者同时考虑多个自变量对因变量的影响。此外，逻辑回归适用于分类问题，如可以为预测某客户是否会违约提供更精准的决策依据。

（三）数据可视化与沟通能力

数据可视化是将复杂数据转化为易于理解的形式的重要手段。金融科技人才需掌握可视化工具（如Tableau、Power BI等）的使用方法，这些工具不仅能够帮助人才展示数据分析结果，还能通过图表、仪表盘和互动界面等，使信息更直观。有效的可视化能够提高信息传递的效率、帮助决策者快速识别关键趋势和异常情况，从而做出更为明智的决策。

此外，具备良好的沟通能力同样至关重要。金融科技人才不仅要能够创建有效的可视化工具，还要能够清晰地解释分析结果。通过有效的沟通，人才能够确保团队成员和利益相关者充分理解分析背后的逻辑及其业务含义。这种能力不仅包括了语言表达能力，还涵盖了倾听和反馈的能力，帮助人才在团队中建立良好的合作关系。

四、法律法规意识

（一）金融监管政策

金融科技行业的合规性离不开对金融监管政策的深入理解。金融科技人才需要熟悉各国的金融监管框架、行业标准和政策动态，以便在快速变化的市场环境中保持合规性。对于如巴塞尔协议这样的国际性监管标准，人才应深入了解其在资本充足率、流动性管理和杠杆率等方面的要求。这些标准不仅影响银行及金融机构的运营，还对金融科技企业的业务模式和风险管理提出了更高的要求。

此外，《反洗钱法》和《金融消费者权益保护法》同样是金融科技人才必须掌握的内容。《反洗钱法》旨在防范和打击洗钱和恐怖融资行为，金融科技人才应了解其基本原则和实施流程，以便在业务开展过程中识别和报告可疑交易；《消费者权益保护法》则确保了金融产品和服务的透明度与公平性，人才需要理解这一法律框架如何影响金融产品的设计与市场推广。熟悉这些法律法规能够增强金融科技人才在行业内的竞争力，提高其在合规运营中的自信心和专业性。

（二）数据保护法与隐私合规

在数据驱动的金融科技领域，数据保护和隐私合规性显得尤为重要。金融科技人才需要深入了解如《通用数据保护条例》（GDPR）和《加州消费者隐私法案》（CCPA）等法规的基本要求。这些法规对数据收集、处理和存储提出了严格的要求，旨在保护用户的个人信息和隐私权。金融科技人才必须掌握数据主体的权利，包括知情权、访问权、删除权等，以及企业在处理个人数据时的法律义务。

除了了解法律条款，金融科技人才还需掌握数据安全管理的最佳实践，尤其是在数据泄露风险日益增加的背景下。人才应具备识别潜在信息安全风险的能力，并了解相应的应对措施，如数据加密、访问控制和安全审计等。这不仅有助于增强对行业风险的认知与防范能力，还能提升金融机构对客户信任，确保企业在合规和信誉方面的双重优势。

（三）消费者权益保护法

金融科技人才需理解《消费者权益保护法》，以确保金融产品与服务的透明度和公正性。这一法律框架不仅涉及产品信息的披露，还涵盖了公平交易和广告宣传的原则。人才应了解如何在产品设计和推广中遵循这些原则，以避免误导消费者并降低法律风险。

此外，熟悉消费者投诉处理机制和争议解决渠道，有助于提升金融服务的质量与用户满意度。金融科技人才需要掌握如何有效应对客户的反馈与投诉，以维护企业的声誉和客户的忠诚度。同时，了解金融欺诈和不当行为的法律后果可以增强人才对行业伦理的敏感性，促使其在工作中始终坚持高标准的职业道德。

通过对法律法规的深刻理解，金融科技人才不仅能够有效地规避法律风险，还能为企业的长期发展提供保障。在不断变化的金融科技领域，具备强烈的法律法规意识将成为人才在激烈竞争中脱颖而出的重要因素。

五、风险管理知识

（一）风险识别与评估

金融科技人才需掌握多种识别风险的工具和方法，以全面了解潜在的市场、信用和操作风险。SWOT分析（优势、劣势、机会与威胁分析）是一种有效的框架，帮助人才从内外部环境中识别影响企业的关键因素。同时，PEST分析（政治、经济、社会与技术分析）也为金融科技人才提供了一个全面的视角，特别是在评估宏观经济因素及政策变动对金融市场的影响时。

使用这些工具，人才可以系统性地分析金融产品、市场趋势以及客户需求，从而识别出可能的风险源。定量和定性评估方法结合使用，有助于量化风险的潜在影响与发生概率，为后续的风险控制打下坚实的基础。此外，风险识别不仅是对历史数据的分析，还应结合行业动态和技术发展，提前预见新兴风险，例如金融科技的迅速变化带来的技术风险与合规风险。

（二）风险控制与监测

在识别风险后，风险控制与监测是确保金融安全的一个重要方面。金融科技人才需了解如何建立健全的风险控制机制，包括设定风险限额、制定风险预算及实施风险转移策略。风险限额确保了在特定条件下，损失不会超过设定的界限，从而保护企业的财务安全。

掌握实时监测工具（如风险管理软件）是另一个重要方面，这些工具能够帮助金融科技人才实时追踪市场变化、监测潜在风险，及时发现和应对问题。例如，利用数据分析技术，人才可以监测交易模式与客户行为，以识别异常活动，从而采取必要的措施降低风险。

此外，风险控制还应包括员工的培训与意识提升，确保所有团队成员了解企业的风险管理流程，并在日常操作中落实这些措施。有效的风险文化能够促进信息共享与快速反应，形成一个全员参与的风险管理环境。

（三）风险管理的合规性

风险管理不仅要遵循行业最佳实践，还需符合监管要求。金融科技人才需了解风险管理的法律法规，包括国际金融机构的风险管理框架（如巴塞尔协议）及各国监管机构的要求。合规性不仅能规避法律风险，还能增强企业的信誉与市场信任。

此外，合规风险管理涉及企业的内部审计与合规检查机制，人才需了解如何评估与监控这些机制的有效性。这不仅有助于发现潜在的合规问题，还能为企业提供持续改进的机会，以适应快速变化的金融环境。

随着金融科技的迅猛发展，新的合规挑战不断出现，金融科技人才必须保持对最新监管动态的敏感性，及时调整风险管理策略，确保企业在法律框架内运营。同时，跨部门协作在合规性风险管理中也极为重要，各职能部门需共同参与，形成合规管理的合力。

第二节　金融知识与科技知识的交汇点

一、金融与科技的融合背景

在当今金融行业中，技术创新已成为推动产品和服务快速迭代的关键因素。无论是移动支付的普及、区块链技术的应用，还是大数据分析在信用评估和资产管理中的广泛使用，金融知识与科技知识的交汇愈加明显。理解这一融合背景，对于金融科技人才来说至关重要。

（一）技术驱动的金融创新

随着技术的进步，金融产品和服务的形式也在不断演变。区块链技术的引入为金融交易提供了去中心化的解决方案，增强了透明度和安全性。金融科技人才需要理解这些技术背后的基本原理，以便在实践中灵活运用。区块链的共识机制如工作量证明和权益证明等，不仅是其安全性的保障，也影响着交易速度和效率。

此外，人工智能和机器学习的应用在信贷审批、风险管理等方面展现了巨大的潜力。这些技术使对大规模数据进行分析和处理成为可能，从而优化决策过程。金融科技人才应掌握数据挖掘与算法模型，以便在动态的市场环境中快速做出反应。这种技术驱动的金融创新还体现在智能投顾的崛起，个性化的投资建议正是基于对用户行为数据的深度分析。

（二）客户需求的变化

随着科技的进步，客户对金融服务的期望不断提升，尤其在便捷性和个性化方面表现得尤为明显。金融科技的发展使企业能够利用数据分析，提供更符合客户需求的产品和服务。通过对客户行为和偏好的分析，企业可以清晰地了解市场趋势，从而调整产品设计和服务方式。这一过程中，数据的准确性和实时性显得尤为重要。

金融科技人才需要具备敏锐的市场洞察力，能够运用数据工具识别市场趋势，并制定相应的产品策略。在社交媒体和移动互联网的广泛应用下，金融服务的交互方式和传播渠道发生了巨大变化。这要求人才不仅掌握金融产品的知识，还善于利用科技手段进行有效的客户沟通，以提升客户体验和满意度。

（三）监管环境的适应

在金融科技快速发展的背景下，监管环境也在不断演变。金融科技人才需要对监管政策保持敏感，以适应日益严格的合规要求。了解各国金融监管框架的动态变化，尤其与数据保护、消费者权益和反洗钱相关的法规，是金融科技人才必不可少的知识基础。

科技在金融服务中的应用，带来了新的风险和挑战，例如数据泄露、网络安全等问题。金融科技人才应具备一定的风险识别和管理能力，了解如何在遵循法律法规的同时有效管理和控制风险。此外，随着金融科技产品的全球化，人才还需关注国际间的监管协作与信息共享，以便在不同市场中顺利运营。

二、交叉学科的学习路径

金融科技人才的培养应注重跨学科的学习，通过开设交叉课程，将金融学与计算机科学、数据科学、工程学等领域的知识相结合，以培养出既懂金融又懂技术的复合型人才。

（一）课程设置的多样性

在课程设计上，金融科技专业应包括金融理论、编程语言、数据分析和算法设计等课程。这种多样化的课程设置能够满足学生对金融和科技领域知识的综合需求。金融理论课程为学生提供基本的金融知识框架，涵盖资本市场、投资分析、风险管理等关键概念；编程语言课程着重培养学生的技术能力，尤其是Python、R等在金融科技领域广泛使用的语言；数据分析课程让学生掌握数据处理和分析的工具和方法，使其能够在海量数据中提取有价值的信息；算法设计课程则引导学生理解基本算法及其在金融中的应用，如高频交易策略和机器学习模型。课程内容不仅应注重理论知识的传授，还应结合实际案例，通过项目和实验让学生在真实场景中应用所学，增强对金融工具的理解和运用能力。

（二）实践导向的学习方式

实践是交叉学科学习中不可或缺的一部分。通过实习、项目合作和模拟交易等方式，学生可以在真实环境中应用所学知识。首先，在课程中引入实践导向的学习方法，学生能够在动态的市场环境中进行操作，提高其应变能力和解决实际问题的能力。其次，学校可以与金融机构和科技公司合作，提供实习机会，确保学生在企业中接受实际培训。最后，跨学科的研究项目鼓励学生从不同角度分析金融问题，通过团队合作，培养他们的创新能力和综合素质。这种实践导向的学习方式不仅提升了学生的动手能力，也增强了他们对金融科技应用场景的理解，使他们在未来职场中更具竞争力。

（三）跨学科的合作与交流

鼓励金融科技学生与其他学科的学生进行合作，可以创造出新的视角和解决方案。通过跨学科的合作，学生能够共享不同领域的知识，促进思维的碰撞与融合。例如，金融与计算机科学专业的学生可以共同参与项目，结合金融知识与技术能力，开发出新型金融产品或优化现有的服务流程。

此外，定期举办跨学科的讲座和研讨会，为学生提供一个交流平台，邀请来自不同领域的专家分享前沿技术和行业动态。这种跨学科的交流能够激发学生的学习兴趣、拓展他们的知识面，并提升其跨领域的思维能力。这种合作与交流不仅在学术上丰富了学生的视野，也为未来的职场发展奠定了基础。

（四）终身学习的意识

在快速变化的金融科技行业中，终身学习的意识尤为重要。学生在学习过程中应培养自我驱动的学习能力，时刻保持对新知识的渴求。通过参与在线课程、研讨会和行业活动，学生能够不断更新自己的知识体系，跟上行业发展的步伐。

金融科技领域日新月异，新技术、新理论层出不穷，因此，未来的金融科技人才需要具备自我学习和适应能力。他们应能够独立获取新知识，灵活应对行业变化，以保持竞争力。通过培养良好的学习习惯和终身学习的意识，金融科技人才能够在职业生涯中不断成长，提升自身的专业水平。

（五）跨文化的视野

随着金融科技的全球化发展，跨文化的视野也显得愈加重要。学生需要了解不同国家和地区在金融科技领域的发展现状及其监管环境，以便在国际化的工作环境中游刃有余。这要求金融科技人才具备一定的外语能力，能够阅读和理解国际前沿的研究成果和行业报告。

通过参与国际交流项目或在线学习平台，学生可以接触到不同文化背景下的金融科技应用，开阔他们的视野。这种跨文化的学习经历不仅开阔了学生的全球视野，也为他们未来在国际金融科技市场中竞争打下了基础。

三、案例分析与实践教学

在金融科技教育中，引入真实的行业案例，帮助学生理解金融与科技交汇的具体应用。通过案例分析，学生能够直观感受到金融科技如何在实际业务中发挥作用，同时加深对理论知识的理解。

（一）真实案例的选择与分析

在课堂上，可以选择一些具有代表性的金融科技案例进行深入分析。例如，分析某一家金融科技公司如何通过大数据技术优化信用评估流程，或是如何利用区块链技术提高支付系统的安全性。这种分析不仅能让学生了解技术应用的具体过程，还能帮助他们识别行业中的最佳实践与成功因素。真实案例的选择应考虑其代表性和应用性，确保学生能够从中获得实际的见解，并理解金融科技在不同背景下的适用性和局限性。

通过对案例的多维度剖析，学生可以掌握相关技术的操作流程和潜在的市场影响，进而培养他们的分析能力和批判性思维。同时，案例分析还可以作为课堂讨论的基础，促进学生之间的交流与互动，使他们在讨论中形成自己的观点和见解。

（二）多样化的实践教学形式

实践教学可以采取多种形式，如角色扮演、模拟交易、团队项目等。这些多样化的形式有助于激发学生的参与热情，提升学习效果。在角色扮演中，学生可以扮演不同的金融角色，如金融分析师、产品经理等，进行跨职能的合作。通过这种方式，学生不仅能体验到不同角色的工作内容，还能理解各个角色之间的协作关系，从而增强他们的团队意识和沟通能力。

模拟交易平台的使用，让学生在虚拟环境中体验市场波动，学习如何在压力下做出决策。这种沉浸式的体验有助于学生理解市场机制及其运作方式，提高他们在真实交易中的应对能力。团队项目则鼓励学生在实际问题上进行集体讨论，培养他们的批判性思维和解决问题的能力。通过合作，学生可以相互学习，激发创新思维、提升整体的学习效果。

（三）技术开发项目的实践

通过技术开发项目，学生能够在实践中将金融知识与科技知识相结合。这些项目可以包括开发简单的金融应用程序、构建数据分析模型，或是实现特定的算法。这不仅能帮助学生巩固理论知识，还能提升他们的实际动手能力。

在技术开发项目中，学生需面对真实的技术挑战，包括系统架构设计、数据处理和用户体验优化等。这些实践活动将理论与实践相结合，培养学生的技术能力和创新精神。通过具体项目的实践，学生不仅能将所学知识运用于实际，更能在识别和解决问题，从而为将来进入职场做好准备。

这种交叉学科的学习路径强调了金融科技领域的多样性与复杂性，使学生在各个方面都能获得全面的能力培养。在不断变化的金融科技行业中，具备深厚的金融知识和扎实的技术能力的复合型人才，将能够更好地适应市场的需求和挑战。

四、企业合作与实习机会

金融科技人才的培养应加强与企业的合作，提供丰富的实习机会。通过在实际工作中接触到金融科技的应用，学生能够更深刻地理解金融知识与科技知识的交汇点。这种实践经验不仅有助于提升他们的专业技能，也能为他们今后的职业发展打下坚实的基础。

（一）校企合作的模式与机制

学校与金融科技企业的合作可以采取多种形式，如共同开发课程、合作举办讲座和组织研讨会等。通过与行业紧密联系，课程设置能够确保教学内容与行业需求一致。企业参与课程开发时，可以提供实际案例和项目，以帮助学生理解金融科技在实际操作中的应用。

此外，邀请企业专家授课可以使学生接触到前沿技术和行业动态。这种直接交流不仅能提升学生的职业素养和适应能力，还能提高他们对未来就业市场的敏感度，帮助他们建立起对行业趋势的判断能力。通过这样的合作模式，学校可以确保学生所学知识与行业需求之间的无缝对接，从而提高人才培养的有效性。

（二）实习项目的设计与实施

实习项目应根据不同的学习阶段进行设计，以满足学生的学习需求和职业发展。初级阶段的实习项目应以观察和学习为主，重点让学生了解企业的运作模式、文化以及基本流程。中级阶段的实习则应鼓励学生参与具体项目，深入了解行业流程，培养他们的实际操作能力。

企业在实习项目的实施过程中应为实习生提供良好的指导，安排资深员工进行一对一的辅导。这种个性化的辅导可以帮助学生更快适应工作环境，提高他们的自信心和解决问题的能力。此外，企业可以设计专项实习项目，鼓励学生在解决实际问题的过程中锻炼自己的专业技能。这种基于项目的实习不仅提升了学生的实践能力，还为他们提供了展示才华的平台。

（三）反馈与评估机制

为了提升实习的有效性，学校与企业之间应建立良好的反馈与评估机制。在实习结束后，企业和学生应共同参与评估过程，企业可以对学生的表现给予反馈，指出他们的优点和需要改进的地方。这种双向反馈能够帮助学生更好地理解自身的不足之处，并在未来的学习和工作中加以改进。

同时，学校也应定期收集学生对实习项目的反馈，以了解他们的实际感受和建议。这种反馈信息不仅有助于企业改进实习项目的设计与实施，还能帮助学校更好地调整课程设置和培养方案，确保培养出的金融科技人才更符合市场需求。通过有效的评估机制，学校和企业的合作可以不断优化，形成良性循环，从而提升金融科技人才培养的质量和效率。

第三节　数据科学在金融科技知识体系中的地位

一、数据科学的定义与重要性

数据科学是一门融合统计学、计算机科学和领域知识的综合学科，其核心目标是通过对数据的分析与挖掘，提取出有价值的信息和洞察。在金融科技领域，数据科学的应用范围广泛，涉及市场分析、客户行为预测、风险管理、投资决策支持等多个方面。

（一）数据科学的基本构成

数据科学不仅仅是对数据的分析，还包括数据的收集、清洗、处理和解释。数据科学家需要运用统计学理论对数据进行分析，同时结合计算机科学技术处理海量数据，以确保分析结果的准确性与有效性。此外，领域知识也是数据科学的重要组成部分，金融科技人才必须理解金融市场的动态、客户需求及行业趋势，以便更好地分析数据并提取出有用的信息。

1．统计学的应用

统计学是数据科学的基础。通过描述性统计分析，金融科技人才能够总结数据的基本特征、识别数据的集中趋势和离散程度。此外，推断统计则使他们能够根据样本数据对总体特征进行估计，为决策提供依据。时间序列分析也是金融数据分析的重要工具，可以帮助人才预测未来趋势，从而优化投资决策。

2．计算机科学与算法

数据科学还需要深厚的计算机科学基础。掌握编程语言（如Python、R等）和数据处理工具（如Pandas、NumPy等）使金融科技人才能够高效地处理数据。算法的理解也是必不可少的，人才需要掌握常见的数据挖掘算法，如聚类、分类和回归分析等，以便在数据分析中应用。

（二）数据科学在金融科技中的应用价值

在金融科技中，数据科学能够帮助企业实现精细化管理与决策支持。例如，通过数据分析，企业可以识别客户的潜在需求，进行客户细分，从而制定更加精准的营销策略。

1．客户行为分析

数据科学使金融机构能够通过分析客户的交易行为、访问记录和反馈信息，洞察客户需求与偏好，从而提升客户体验。通过建立客户画像，金融科技公司能够制定个性化的服务与产品，提高客户的黏性与忠诚度。

2. 风险管理

风险管理是金融科技的核心组成部分，数据科学在这一领域的应用尤为重要。通过对历史数据的分析，企业可以识别潜在的风险因素并进行量化评估。利用机器学习技术，金融机构能够构建预测模型，实时监测风险状况，快速反应。

3. 欺诈检测与预防

数据科学在金融欺诈检测中扮演了重要角色。通过分析交易数据、用户行为和社交网络信息，企业可以识别异常行为，并及时采取措施防止损失。这种基于数据的监控与响应能力，提升了金融服务的安全性与可靠性。

二、数据分析与挖掘技术

金融科技人才应熟练掌握数据分析与挖掘的基本方法，包括描述性分析、探索性数据分析、预测建模等。这些技能能够帮助他们在海量数据中识别潜在的趋势与规律，为金融决策提供科学依据。此外，熟悉机器学习和人工智能的基本原理与应用，也能进一步提升他们在数据处理与分析中的能力。

（一）描述性分析

描述性分析是对数据的基本总结与描述，通过统计图表、均值、标准差等指标，金融科技人才能够快速识别数据的分布特征、了解过去的趋势。这种分析方式不仅对了解客户行为至关重要，还对评估金融产品的表现和监控市场变化起到了基础性作用。通过对历史数据的分析，金融科技人才可以为未来的决策提供依据，帮助机构更好地适应市场环境。

在实际操作中，描述性分析涉及数据预处理，确保数据的准确性和完整性。数据清洗过程包括去除重复值、处理缺失值和异常值，这些步骤是有效描述性分析的基础。此外，数据的可视化展示，例如使用直方图、饼图和折线图，能够使数据分析结果更为直观，帮助决策者快速理解复杂数据。

（二）探索性数据分析

EDA通过各种可视化手段（如散点图、箱线图、直方图等），探索数据集的潜在结构、关系和模式。金融科技人才需要掌握多种可视化工具，能够深入挖掘数据背后的信息，提出假设并引导后续分析。通过探索性数据分析，人才不仅可以发现数据中的潜在异常和趋势，还能为数据建模提供重要的依据。

EDA的核心在于让分析者对数据有一个全面的了解，因此，使用不同的可视化工具来分析同一数据集，可以帮助人才从多个角度观察数据，进而得出更为全面的结论。同时，EDA还能为后续的预测建模和决策提供有效的支持，使整个分析过程更加科学合理。

（三）预测建模

预测建模主要利用机器学习算法构建模型，以预测未来的事件或行为。在金融科技中，预测建模的应用范围广泛，涵盖信贷评估、客户流失预警和市场趋势分析等。金融科技人才需熟练掌握多种预测建模技术，如回归分析、决策树、随机森林和支持向量机等，这些工具能够提升他们在分析数据时的准确性和效率。

通过构建有效的预测模型，金融科技人才可以在不确定的市场环境中做出更为明智的决策。模型的建立过程通常包括特征选择、模型训练和验证等环节，理解每个环节的重要性，有助于提高模型的性能。此外，掌握模型评估指标（如准确率、召回率和F1-score等）能够帮助人才对模型的效果进行定量分析，从而持续优化预测结果。

（四）机器学习的应用

机器学习技术在金融科技中的应用日益广泛，成为数据分析与挖掘的重要组成部分。通过算法的学习和自我调整，机器学习能够处理复杂的数据模式，提升决策效率。金融科技人才应了解各种机器学习算法的基本原理，包括监督学习、无监督学习和强化学习等。掌握这些技术能够帮助人才在面对多变的市场和客户需求时，快速适应并优化金融产品和服务。

在金融领域，机器学习被广泛应用于风险管理、反欺诈、个性化推荐等多个方面。了解如何选择合适的算法以及如何调整模型参数，是金融科技人才必备的技能。此外，熟悉深度学习和神经网络的基本概念和应用场景，可以进一步拓展人才在数据分析领域的视野，使他们能够在复杂的金融环境中，更加灵活地运用技术。

三、数据可视化的能力

数据可视化是数据科学中至关重要的一环。金融科技人才应掌握数据可视化的基本技能，利用图表和仪表盘等工具，将复杂的数据转化为易于理解的信息。这种可视化能力不仅使团队成员之间可以更好地沟通，还能提升客户对金融产品和服务的理解与接受度。

（一）可视化工具的应用

在数据可视化的过程中，金融科技人才应熟练使用各种可视化工具，如Tableau、Power BI和Matplotlib等。这些工具为用户提供了强大的功能，可以创建交互式图表与仪表盘，使数据分析结果能够以动态和直观的方式呈现。掌握这些工具的操作方法，不仅能够提高数据展示的效率，还能帮助用户快速获取信息与洞察。

在选择可视化工具时，金融科技人才还需考虑数据的性质和展示的需求。例如，某些工具更适合处理大规模数据集，而其他工具则在实时数据更新方面表现突出。通过了解各种工具的优势和局限，人才可以在实际工作中做出更明智的选择，从而优化数据展示效果。

（二）有效的数据展示

有效的数据展示不仅需要选择合适的图表类型（如柱状图、折线图、饼图等），还要考虑数据的清晰度和可读性。金融科技人才应掌握数据可视化的设计原则，例如使用对比色来突出重要信息、简化复杂的图表以及遵循信息层次结构。这些原则的应用能够显著提升数据展示的效果，使受众更容易理解和吸收信息。

在设计可视化时，金融科技人才还需考虑目标受众的背景和需求，确保展示的信息与受众的知识水平和关注点相匹配。通过恰当的设计，受众能够在最短的时间内获取所需信息，进而有效支持决策过程。

（三）故事化的数据表达

数据可视化不仅仅是展示数据，更是讲述数据背后的故事。金融科技人才应具备将数据与业务目标相结合的能力，通过可视化将分析结果与实际业务场景关联，帮助利益相关者理解数据对决策的影响。这种能力有助于在团队内部或客户面前有效传达分析结果，推动决策的制定。

故事化的数据表达要求金融科技人才能够识别和提炼数据中最关键的信息，并将其以逻辑清晰、结构合理的方式呈现。例如，通过构建一个数据叙述框架，人才可以引导受众深入理解数据所传达的信息。这样的表达方式不仅增强了数据的说服力，也提升了受众的参与感，使他们更愿意接受和应用分析结果。

（四）数据可视化的实用性与前瞻性

在快速变化的金融科技领域，数据可视化的实用性与前瞻性变得尤为重要。金融科技人才需意识到数据可视化不仅是展示分析结果的工具，更是洞察市场动态、识别潜在风险和机会的重要手段。通过建立实时监控的可视化系统，人才能够迅速捕捉市场变化、及时调整策略，以应对不断变化的环境。

此外，随着大数据和人工智能的发展，金融科技人才还需不断更新自己的可视化技能，掌握新兴技术的应用。例如，利用机器学习技术自动生成可视化报表，或通过增强现实和虚拟现实（VR）技术展示复杂数据。这些前沿技术的应用不仅能提升数据可视化的效果，更能在激烈的市场竞争中为企业创造优势。

四、大数据技术的应用

随着大数据技术的快速发展，金融科技人才需要了解如何利用大数据平台（如Hadoop、Spark等）进行数据存储与处理。这些技术使处理海量数据成为可能，并为数据分析提供了强大的支撑。

（一）大数据存储技术

在金融科技领域，数据是核心资产，其规模之大、类型之多、增长之快，远超传统金融行业。面对如此庞大的数据海洋，如何高效、安全地存储这些数据，成为金融科技人才必须面对的首要问题。Hadoop和NoSQL数据库等大数据存储技术的出现，为这一难题提供了有效的解决方案。

Hadoop以其分布式存储和计算能力，能够轻松应对PB级甚至EB级的数据存储需求。通过HDFS（Hadoop Distributed File System）等组件，Hadoop实现了数据的冗余存储和自动容错，确保了数据的高可用性和安全性。同时，Hadoop的MapReduce编程模型，使大规模数据的并行处理成为可能，为后续的数据分析奠定了坚实的基础。

而NoSQL数据库则以其灵活的数据模型、高并发读写能力和可扩展性，在金融科技领域得到了广泛应用。MongoDB、Cassandra等NoSQL数据库，能够轻松处理JSON、XML等非结构化或半结构化数据，满足了金融科技中复杂多样的数据存储需求。

掌握这些大数据存储技术，金融科技人才能够构建起高效、安全、可扩展的数据存储体系，为后续的数据分析和应用提供强有力的支撑。

（二）数据处理与计算框架

数据存储只是第一步，如何从这些海量数据中提取出有价值的信息，才是金融科技人才更为关心的问题。Apache Spark等数据处理与计算框架的出现，为这一需求提供了强大的工具。

Spark以其快速、通用的数据处理能力，在金融科技领域迅速崛起。与Hadoop的MapReduce相比，Spark在内存计算、迭代计算等方面具有显著优势，能够大幅提升数据处理的效率。同时，Spark支持批处理、流处理等多种计算模式，能够满足金融科技中复杂多变的数据处理需求。

通过Spark等数据处理与计算框架，金融科技人才能够轻松实现数据的清洗、转换、聚合等操作，进而构建出各种复杂的数据分析模型。这些模型不仅能够帮助企业更好地理解市场趋势、客户行为等关键信息，还能够为企业的决策提供有力的数据支持。

（三）实时数据分析

在金融科技领域，市场变化迅速，竞争激烈。如何快速响应市场变化，抓住稍纵即逝的商机，成为企业成功的关键。而实时数据分析技术，正是金融科技人才实现这一目标的重要工具。

通过大数据技术，金融科技人才能够实现对市场数据的实时监控与分析。无论是股票价格、交易量等金融数据，还是社交媒体上的用户评论、情绪等非金融数据，都能够被实时捕获并进行分析。这种能力使企业能够及时了解市场动态，预测市场趋势，从而制定出更加精准的市场策略。

同时，实时数据分析还能够帮助企业及时发现潜在的风险和问题。例如，通过监控交易数据中的异常行为，企业可以及时发现并阻止欺诈行为的发生；通过分析客户行为数据，企业可以预测客户的流失风险，并采取相应的措施进行挽留。

（四）大数据在金融科技中的具体应用

大数据在金融科技中的应用场景广泛而深入，从信用评分、市场预测到客户行为分析等多个方面，都展现出了其巨大的价值。

在信用评分方面，大数据技术使金融机构能够综合考虑更多的信息源和维度，构建出更加全面、准确的信用评估模型。这些模型不仅能够帮助金融机构更好地识别风险客户，还能够为优质客户提供更加个性化的金融服务。

在市场预测方面，大数据技术通过对历史数据的深度挖掘和机器学习算法的应用，能够实现对市场趋势的精准预测。这种能力使金融机构能够提前布局市场，抓住投资机会，降低投资风险。

在客户行为分析方面，大数据技术使金融机构能够深入了解客户的需求和偏好，从而提供更加贴心、个性化的服务。通过对客户交易数据、社交媒体数据等多维度信息的综合分析，金融机构可以构建出客户的画像模型，并据此制定出更加精准的营销策略和客户服务方案。

第四节 金融科技法律与伦理知识的融入

一、法律框架的理解

金融科技人才不仅需要掌握前沿的技术知识，还必须对与金融行业密切相关的法律法规有全面而深入的理解。这些法律法规，如《反洗钱法》《消费者权益保护法》及《数据安全法》等，不仅是金融科技操作的基石，更是从业者必须严格遵守的规范。

（一）法律法规的分类与应用

在金融科技领域，法律法规的多样性要求从业者具备分类理解和精准应用的能力。

1. 监管法规

监管法规是确保金融机构稳健运行的关键所在，它涵盖了资本充足率、流动性要求、风险管理等多个方面。金融科技人才需深刻理解这些规定，确保公司的业务模式和操作流程符合监管要求。例如，对于资本充足率的规定，金融科技人才需了解如何通过合理的资本配置和风险管理策略，确保公司具备足够的资本缓冲以应对潜在的风险。同时，他们还需关注监管政策的变化趋势，以便及时调整公司的经营策略。

2. 消费者保护法规

在金融科技领域，消费者权益保护是重中之重。金融科技人才需熟悉《消费者权益保护法》等相关法规，确保金融产品和服务在推广、销售、使用过程中充分尊重和保护消费者的知情权、选择权、公平交易权等合法权益。这要求他们具备对金融合同条款的细致解读能力，能够识别并避免任何可能侵犯消费者权益的条款。同时，他们还需关注消费者投诉和纠纷处理机制，确保公司的投诉处理流程高效、公正、透明。

3. 数据保护法规

随着大数据、人工智能等技术在金融领域的广泛应用，数据保护成为金融科技人才必须关注的重要问题。《数据安全法》等法规的出台，为数据保护提供了明确的法律依据。金融科技人才需了解数据收集、存储、处理、传输等各个环节的合规要求，确保公司的数据处理活动合法、合规、安全。这要求他们具备对敏感数据的识别能力，能够制定并实施有效的数据保护措施，防止数据泄露、滥用等风险的发生。

4. 反洗钱法规

反洗钱是金融行业的重要任务之一，金融科技人才需对《反洗钱法》等法规有深入的了解。他们需了解洗钱犯罪的特点、手段及危害，掌握反洗钱工作的基本要求和流程。在日常工作中，他们需关注客户身份识别、可疑交易报告等关键环节，确保公司的业务活动不被用于洗钱等违法犯罪活动。

（二）法律风险的识别与管理

在金融科技领域，法律风险的识别与管理是确保公司稳健运营的关键环节。

1. 法律责任的明确

金融科技人才需对金融产品的法律责任有清晰的认识。他们需了解不同金融产品可能引发的法律纠纷类型及其后果，以便在产品设计、推广、销售等环节中采取有效措施降低法律风险；还需关注法律责任的分配问题，确保在发生法律纠纷时公司能够合理承担相应责任。

2. 合规审查与风险评估

定期进行合规审查和风险评估是识别和管理法律风险的重要手段。金融科技人才需对公司的业务活动进行全面梳理和评估，识别潜在的法律风险点并制定应对措施。在合规审查过程中，他们需关注公司的业务流程、内部控制、风险管理等方面是否存在合规漏洞；在风险评估过程中，他们需对潜在的法律风险进行量化分析并评估其对公司的影响。

3．合同条款的合法性审查

合同条款是金融交易的重要组成部分，其合法性直接关系到交易双方的权益保障。金融科技人才需具备对合同条款的合法性审查能力，确保合同条款符合法律法规的要求并能够有效保护公司的合法权益。在审查过程中，他们需关注合同条款的完整性、明确性、公平性等方面的问题，并避免使用模糊、歧义或违反法律法规的条款。

（三）法律知识的持续更新

法律环境是动态变化的，金融科技人才需保持对新法规的敏感性并积极参与法律知识的持续教育。

1．参加行业研讨会与专业培训

通过参加行业研讨会和专业培训等活动，金融科技人才可以及时了解最新的法律法规和行业发展趋势。这些活动不仅能够为他们提供与同行交流的机会，还能够帮助他们拓宽视野、提升专业素养。

2．在线课程与自主学习

随着互联网的普及和发展，在线课程成为金融科技人才获取法律知识的重要途径之一。他们可以通过参加在线课程、阅读专业书籍等方式自主学习最新的法律法规知识并不断提升自己的专业能力。同时，他们还可以利用互联网资源了解不同国家和地区的法律差异及合规要求，为跨境金融交易提供有力支持。

3．与法律专业人士的合作

与法律专业人士的合作是金融科技人才获取法律支持的重要途径之一。通过与法律专家的交流，他们可以加深对复杂法律问题的理解并更好地将其应用于日常工作中。此外，与法律专业人士的合作还可以帮助公司建立更加完善的法律合规体系，从而降低法律风险的发生概率。

二、数据隐私与保护

在数字化时代，随着信息技术的迅猛发展，数据已成为企业运营和决策的核心驱动力。然而，这一趋势也带来了前所未有的数据隐私与保护挑战，特别是对于金融科技行业而言，其处理的往往是涉及个人财产、交易行为等高度敏感的信息。因此，金融科技人才在这一领域扮演着至关重要的角色，他们不仅需要具备深厚的金融与技术知识，还需深刻理解并遵循数据隐私与保护的相关法律规定，以确保业务的合法性和用户的权益。

（一）数据收集与使用的法律规定

1. 知情同意与合法性

金融科技公司在收集用户数据时，首先需获得用户的明确知情同意。这意味着，公司必须在收集数据前，清晰、具体地向用户说明数据的收集目的、使用范围、存储期限以及可能涉及的风险，并通过用户可以接受的方式（如点击同意按钮）获取其明确授权。金融科技人才需深入理解这一过程的法律要求，确保公司的数据收集行为符合《个人信息保护法》等法律法规。

2. 数据使用的透明度与目的性

除了获得用户的知情同意，金融科技人才还需确保数据使用的合法性和透明度。这包括明确数据使用的具体目的，避免超出用户授权范围的数据处理行为；同时，保持对数据使用情况的记录与监控，以便在需要时向用户或监管机构提供清晰的数据使用报告。此外，金融科技人才还需关注数据使用的最小必要原则，即在实现业务目标的前提下，尽可能减少收集和处理的数据量，以降低用户隐私泄露的风险。

3. 隐私影响评估（PIA）

为了更全面地评估数据收集和使用对用户隐私的潜在影响，金融科技人才需掌握PIA的方法和技巧。PIA是一个系统性的过程，通过识别、分析数据处理活动可能带来的隐私风险，并制定相应的减缓措施，确保数据处理活动的合法性和合规性。金融科技人才需具备进行PIA所需的专业知识和技能，以便在公司的数据治理体系发挥关键作用。

（二）数据存储与安全管理

1. 数据加密与访问控制

金融科技人才应熟悉各种数据加密技术，如对称加密、非对称加密等，以确保数据在存储过程中的机密性和完整性。同时，建立严格的访问控制机制，对数据的访问权限进行精细化管理，防止未经授权的访问和数据泄露。这包括制定明确的访问权限策略、实施多因素认证、定期审计访问日志等措施。

2. 网络安全与防护

金融科技人才需了解并应对各种网络安全威胁，如网络攻击、病毒传播等。他们需掌握网络安全防护的基本原理和技术手段，如防火墙配置、入侵检测与防御系统（IDS/IPS）、安全漏洞扫描与修复等。此外，金融科技人才还需关注新兴的网络安全技术和发展趋势，以便及时更新和优化公司的网络安全防护体系。

3. 数据泄露风险与应对措施

尽管采取了各种安全防护措施，但数据泄露的风险仍然存在。金融科技人才需具备识别数据泄露风险的能力，并制定应对措施。这包括建立数据泄露应急预案、定期进行安全演练、与第三方安全机构合作进行安全评估等。在发生数据泄露事件时，金融科技人才需迅速响应，及时评估泄露的范围与影响，并采取有效的措施进行处置和恢复工作。

（三）数据泄露的应急处理

1. 及时发现与报告

金融科技人才需具备及时发现数据泄露事件的能力。这要求他们密切关注网络安全态势和异常行为迹象，如异常登录、数据流量激增等。一旦发现数据泄露事件，应立即向公司管理层和相关部门报告，并启动应急预案。

2. 评估泄露范围与影响

在发现数据泄露事件后，金融科技人才需迅速评估泄露的范围和影响。这包括确定泄露的数据类型、数量、涉及的用户群体以及可能带来的法律后果和经济损失等。通过全面的评估工作，可以为后续的应急响应和恢复工作提供有力的支持。

3. 制定应急响应计划

根据评估结果，金融科技人才需制定详细的应急响应计划。这包括通知受影响的用户、向监管机构报告泄露事件、启动数据恢复和备份工作、加强安全防护措施等。同时，还需与相关部门和第三方安全机构保持密切沟通与合作，共同应对数据泄露事件带来的挑战。

4. 持续优化数据保护措施

数据泄露事件是一个不断变化的威胁环境。因此，金融科技人才需将事后分析作为持续改进数据保护措施的重要环节。通过深入分析数据泄露事件的原因总结教训，不断优化和完善公司的数据治理体系、安全防护措施和应急预案等。同时，还需关注相关法律法规和技术标准的更新变化，确保公司的数据保护工作始终符合法律要求和行业标准。

三、伦理标准与职业道德

在金融科技日新月异的今天，人才的行为不仅关乎技术的创新与应用的效率，更深刻地影响着金融市场的稳定、客户权益的保护以及社会信任的构建。因此，金融科技人才的行为除了受到国家法律法规的严格规制，还受到行业内部伦理标准的深刻影响。这些伦理标准，作为法律之外的"软法"，为金融科技人才应对复杂多变的道德困境提供了指引与规范。

（一）伦理标准的内涵与价值

行业伦理标准的核心在于对诚信、公平、责任等基本原则的坚守。诚信，是金融服务的基石，要求金融科技人才在业务操作中保持高度的真实性与透明度，不欺瞒、不误导客户；公平，则是市场竞争的标尺，确保金融科技人才在提供服务时，不偏袒、不歧视任何一方，维护市场的公正与秩序；责任，则是金融科技人才对自己、对客户、对行业乃至对社会所承担的义务与担当，要求其在追求经济效益的同时，也要兼顾社会效益与可持续发展。

对于金融科技人才而言，深入理解和严格遵守这些伦理标准，不仅是对个人职业素养的提升，更是对企业品牌形象的塑造与维护。一个拥有高度伦理意识的企业，能够赢得客户的长期信任与支持，从而在激烈的市场竞争中脱颖而出。同时，良好的伦理风尚也有助于构建和谐的团队氛围，激发员工的归属感与创造力，为企业的发展注入不竭的动力。

（二）道德决策模型

在金融科技领域，道德困境时有发生，如何在这些复杂多变的情境中做出正确的决策，是每一位金融科技人才都需要面对的挑战。此时，道德决策模型便成为他们的智慧灯塔。这一模型通过系统化的思维方式，引导金融科技人才识别问题、评估选项、预测结果并最终实施行动。在这一过程中，他们不仅需要考虑法律法规的约束，更要深入剖析伦理标准的内涵与要求，确保决策的合理性与正当性。

企业应当积极推广道德决策模型的应用，通过组织培训、开展研讨等方式，帮助金融科技人才掌握这一工具的使用方法。同时，还可以引入情境模拟、角色扮演等互动式教学手段，让学生在模拟的情境中亲身体验道德决策的过程与挑战，从而加深对伦理标准的理解与认同。

（三）伦理教育与培训

伦理教育与培训是金融科技人才成长的必经之路。首先，企业应定期举办伦理教育活动，将行业伦理标准、道德决策案例分析等内容纳入培训课程体系之中。通过这些课程的学习，金融科技人才能够全面了解伦理问题的表现形式与应对策略，提高自己在面对道德困境时的判断力与决策力。

其次，企业还可以邀请行业内的专家学者、资深从业者等作为讲师或嘉宾，分享他们的伦理实践经验与感悟。这些生动鲜活的案例与故事不仅能够激发学生的学习兴趣与热情，更能够引导他们在实践中不断反思与成长。

最后，在培训方式上，企业应注重灵活多样与实效性。除了传统的课堂讲授，还可以采用在线学习、小组讨论、案例分析等多种形式相结合的方式，让学生在轻松愉快的氛围中掌握伦理知识与技能。同时，企业还应建立健全的培训效果评估机制，定期对学生的学习成果进行检验与反馈，确保伦理教育的实际效果与质量。

四、合规文化的建设

在金融科技企业中，合规文化不仅体现在对法律法规的严格遵守上，更在于它塑造了一种深植于心的价值观，即在任何业务决策和行动中，都将合规性与伦理标准置于首位。

（一）合规文化的定义与价值

1. 合规文化的定义

合规文化，是金融科技企业在长期运营过程中，通过一系列制度、流程、培训及实践，逐渐形成的一种以合规性和伦理标准为核心的企业文化。它不仅是一种外在的要求或规范，更是一种内化于心、外化于行的企业精神。在这种文化中，合规不再是被动遵守的规则，而是每位员工主动追求的目标和信仰。

2. 合规文化的价值

（1）提升法律意识

合规文化的首要价值在于提高全体员工的法律意识，使他们充分认识到遵守法律法规的重要性。这种意识的提升，有助于员工在日常工作中自觉规避法律风险，确保企业业务的合法合规性。

（2）增强企业信誉

在金融科技这个高度依赖信任与透明的行业中，良好的合规记录是企业信誉的基石。通过建立合规文化，企业能够向市场传递出积极、正面的信号，增强投资者、客户及合作伙伴的信心。

（3）促进可持续发展

合规文化还有助于企业实现可持续发展。它要求企业在追求经济效益的同时，必须兼顾社会效益和环境效益，确保企业行为符合社会道德和伦理标准。这种平衡发展，不仅能够为企业赢得更广阔的发展空间，还能够为企业赢得更长久的生命力。

（二）合规培训的实施

1. 培训内容的全面性

合规培训是构建合规文化的关键环节。为了确保培训效果，培训内容必须全面覆盖最新的法律法规、合规政策及实际操作中的合规要求。这包括但不限于金融监管政策、数据安全与隐私保护、反洗钱与反恐怖融资、内幕交易与利益冲突防范等方面。通过系统、全面的培训，员工能够全面了解并掌握相关合规知识。

2. 培训形式的多样性

为了提高员工的参与度和学习效果，合规培训应采用多样化的形式。除了传统的课堂讲授，还可以结合案例分析、角色扮演、在线学习等互动式教学方法。这些形式不仅能够激发员工的学习兴趣，还能够加深他们对合规知识的理解和记忆。

3. 培训效果的评估与反馈

合规培训的效果评估是确保培训质量的重要手段。企业可以通过考试、问卷调查、访谈等方式，对员工的培训效果进行评估。同时，还应建立反馈机制，鼓励员工对培训内容、形式及效果提出意见和建议。这些反馈有助于企业不断优化培训方案，提高培训效果。

（三）合规激励机制的建立

1. 激励机制的设立原则

在合规文化建设中，激励机制的设立应遵循公平、公正、公开的原则。企业应明确合规行为的奖励标准和程序，确保每位员工都有机会获得奖励。同时，奖励的发放应严格按照规定执行，避免出现任何形式的偏袒或歧视。

2. 奖励形式的多样性

合规奖励的形式可以多种多样，包括物质奖励和精神奖励。物质奖励如奖金、礼品等，能够直接激励员工的积极性和创造力；而精神奖励如表彰、晋升等，则能够激发员工的荣誉感和归属感。企业应根据员工的实际需求和实际情况，灵活选择奖励形式。

3. 合规行为的正向引导

除了设立奖励机制，企业还应通过正面引导的方式，鼓励员工积极遵循法律法规和伦理标准。例如，企业可以定期举办合规之星评选活动，表彰在合规工作中表现突出的员工；同时，还可以通过内部通信、宣传栏等渠道，宣传合规典型事迹和先进经验，营造浓厚的合规氛围。

五、与监管机构的互动

在金融科技领域，金融科技人才与监管机构之间的紧密互动，连接着技术创新与监管规范，共同推动着行业的稳健前行。这种互动不仅深化了金融科技人才对监管环境的认知，也促使监管机构更加贴近市场实际，制定出既具前瞻性又具操作性的政策。

（一）监管机构的角色与功能

在金融科技日新月异的今天，监管机构不仅要紧跟技术发展的步伐，还要前瞻性地预判潜在风险，通过灵活调整政策工具，为创新预留空间，同时守护金融稳定与消费者权益。金融科技人才需深刻理解监管机构的这一双重使命，既要尊重其权威，又要积极寻求合作，共同探索金融科技与监管的和谐共生之道。

（二）政策沟通

政策沟通不再是单向的信息传递，而是双向乃至多向的智慧碰撞。金融科技人才应主动参与到政策制定的讨论中来，利用自身的专业知识和实践经验，为政策制定提供数据支持、案例分析和趋势预测。这种深度的政策沟通，有助于监管机构更准确地把握行业脉搏，制定出更加贴近市场需求的政策。同时，金融科技人才也能在这一过程中，提前了解政策走向，为企业战略调整赢得宝贵时间。此外，通过行业协会等平台，金融科技人才还可以联合行业力量，共同发声，推动形成有利于行业发展的政策环境。

（三）合规审核与报告

合规审核与报告是金融科技企业与监管机构之间信任建立的重要基石。金融科技人才需精通合规审核的每一个细节，从数据收集、分析到报告撰写，都要做到准确无误、条理清晰。同时，他们还应注重报告的透明度和可读性，让监管机构能够轻松理解企业的运营状况和风险状况。在应对监管机构的检查和审计时，金融科技人才应展现出高度的专业素养和合作精神，积极配合，及时解答疑问，共同维护金融市场的健康秩序。

（四）危机管理与应对

在金融科技领域，技术的快速迭代和市场环境的瞬息万变往往伴随着危机来。金融科技人才必须具备敏锐的危机意识和高效的应对能力，能够在第一时间启动应急预案，迅速控制事态发展。这要求他们不仅熟悉相关法律法规和监管要求，还具备出色的沟通协调能力和决策能力。在危机处理过程中，金融科技人才应坚持透明原则，主动与监管机构沟通，及时披露信息，争取理解和支持。通过有效的危机管理，企业不仅能化解风险，还能在逆境中展现责任与担当，赢得市场的尊重与信任。

（五）倡导与影响政策制定

金融科技人才不仅是政策的接受者，更是政策的塑造者。他们应积极参与行业组织或专业协会的活动，利用自己的专业知识和实践经验，为金融科技的法律法规和政策制定贡献智慧。通过提交政策建议、参与讨论会和会议等方式，金融科技人才可以推动行业标准的建立和完善，促进技术创新与监管的良性互动。同时，他们还应关注国际金融科技的发展趋势和监管动态，借鉴先进经验，为我国的金融科技监管提供有益参考。在这个过程中，金融科技人才将逐渐从政策的参与者转变为引领者，为行业的可持续发展贡献更大的力量。

第五节　实践能力培养：从理论到实操的桥梁

一、实习与实践项目

在教育领域，尤其是在金融科技教育这一日新月异的领域，实习和实践项目是提升学生实践能力、加速知识转化与应用的强大引擎。

（一）实习的意义与价值

在金融科技的广阔舞台上，实习为学生提供了一个前所未有的机会，让他们能够亲身体验到金融科技行业的脉动，感受到技术革新与市场需求的紧密联动。通过实习，学生能够深入金融科技的核心领域，如产品开发、数据分析、风险管理、市场营销等，亲眼目睹并参与到这些环节的实际运作中。这种沉浸式的学习体验，不仅让学生对所学理论有了更直观、更深刻的理解，更重要的是，为他们搭建了一个从理论到实践的转化平台，使他们在未来的职业生涯中能够更快地适应岗位需求，实现个人价值的最大化。

此外，实习还是学生建立职业网络、拓展人脉资源的重要途径。在实习期间，学生将与具有不同背景的专业人士共事，这些宝贵的交流机会不仅有助于他们学习行业内的最佳实践，还能让他们了解行业内的最新动态和职业发展路径。这些关系网络将成为他们未来职业生涯中不可或缺的资产，为他们寻找到更多的职业机会和发展空间。

（二）实践项目的设计与实施

为了确保项目的有效性和针对性，必须紧密结合当前金融科技行业的需求与趋势，确保项目内容既具有前瞻性又具备可操作性。项目设计应充分考虑学生的知识结构和能力水平，确保他们在参与过程中能够充分发挥所学，同时也能够面临一定的挑战，从而激发他们的学习动力和创造力。

在项目的实施过程中，团队合作是不可或缺的一环。通过项目分组，学生能够在团队中扮演不同的角色，共同完成项目任务。这种经历不仅有助于培养他们的团队协作能力，还能让他们在实践中学习到项目管理、沟通协调等关键技能。同时，项目实施过程中的数据收集和分析也是至关重要的环节。学生需要学会运用各种工具和方法对数据进行深度挖掘和分析，以数据为驱动来优化项目方案、评估项目效果。这一过程将极大地提升他们的数据素养和决策能力。

（三）反思与总结

实习和实践项目结束后的反思与总结是学生成长道路上的重要里程碑。通过对实践经历的回顾与分析，学生能够更清晰地认识到自己在项目中的表现与收获，以及存在的不足与改进空间。这种自我审视的过程不仅有助于他们加深对所学知识的理解与掌握，还能培养他们的批判性思维和问题解决能力。

在反思与总结的过程中，学生可以从多个维度进行思考。首先，他们可以回顾项目目标与实际成果的对比情况，分析达成或未达成目标的原因；其次，他们可以反思自己在项目中的角色定位与贡献情况，评估自己的团队协作能力和问题解决能力；最后，他们还可以思考如何将所学知识和经验应用到未来的学习和工作中去，为自己的职业发展制定更加明确和可行的规划。

二、项目驱动学习

采用项目驱动的学习方式，可以帮助学生在团队合作中培养实践能力。在团队项目中，学生需要共同努力，从项目设计、实施到评估，经历整个过程。

（一）团队协作的重要性

在项目驱动学习的框架下，团队协作不仅是项目成功的基石，更是学生个人成长与能力提升的催化剂。首先，这种学习方式强调了"多元化专长"的汇聚与融合。每个团队成员都拥有独特的专业知识、技能背景和思维方式，这些差异在项目执行过程中形成了宝贵的互补效应。通过相互协作，学生能够学会如何在尊重差异的基础上寻求共识，共同为项目目标贡献力量。其次，团队协作还锻炼了学生的沟通与协调能力。在项目实施过程中，信息的有效传递、意见的及时反馈以及冲突的妥善解决都是至关重要的。学生需要学会倾听他人的观点，表达自己的意见，并在必要时进行妥协与调整。这种沟通与协调的能力不仅有助于项目的顺利进行，更是未来职业生涯中不可或缺的软技能。最后，金融科技领域的快速发展要求跨学科团队的紧密合作。面对复杂多变的金融问题，单一学科的知识往往难以提供全面的解决方案。因此，通过项目驱动学习，学生能够提前适应这种跨学科合作的模式，掌握跨领域沟通与协作的技巧，为未来的职业发展奠定坚实的基础。

（二）实际问题解决的能力

项目驱动学习模式能够促使学生直面行业内的实际问题，从而提升他们的问题解决能力。与传统的理论教学相比，这种模式更加注重知识的应用与实践。学生需要在项目中运用所学的理论知识，结合实际情况进行创新思考，提出切实可行的解决方案。

这种问题解决能力的提升是一个综合性的过程。首先，学生需要学会如何分析问题，识别问题的本质与关键要素。这要求他们具备敏锐的观察力和深入的思考能力，能够透过现象看本质。其次，学生需要调动自己的知识储备，寻找解决问题的可能路径。这要求他们具备扎实的专业基础和广泛的知识面，能够灵活运用所学知识解决实际问题。最后，学生还需要具备创新精神和实验精神，勇于尝试新的方法和思路，不断优化解决方案直至达到最佳效果。

在金融科技领域，这种问题解决能力尤为重要。随着技术的不断进步和市场的不断变化，金融机构面临着越来越多的挑战和机遇。只有那些能够迅速识别问题、提出解决方案并有效实施的机构才能在激烈的竞争中脱颖而出。因此，通过项目驱动学习培养学生的问题解决能力，对于满足行业需求和推动行业发展具有重要意义。

（三）项目评估与反馈

这一环节不仅是对项目成果的一次全面审视和总结，更是对学生学习过程的一次深刻反思和提升。评估的内容不仅包括项目的最终结果是否达到预期目标、是否解决了实际问题等硬性指标，还包括项目实施过程中的决策合理性、团队协作效率等软性指标。

通过评估与反馈机制，学生可以清晰地看到自己在项目中的不足，可以从成功的经验中汲取养分、从失败的教训中汲取力量。这种自我反思与自我提升的过程是学生成长的重要驱动力之一。同时，评估与反馈还促进了学生之间的交流与分享。他们可以通过相互学习、相互借鉴来拓宽视野、丰富知识储备，进而在未来的项目中更加高效地开展工作。

此外，评估与反馈机制还有助于教师或导师及时了解学生的学习状态和进展情况，从而为他们提供更加个性化和针对性的指导与帮助。这种指导与帮助不仅有助于学生解决当前遇到的问题和困难，还有助于他们建立正确的学习方法和思维方式，为未来的职业发展奠定更加坚实的基础。

三、案例分析与模拟训练

在金融科技迅速发展的今天，案例分析作为一种教学方法，其重要性越发凸显。它不仅在理论知识与实际应用之间为学生搭建了一座桥梁，更在培养学生应对复杂多变行业环境的能力上发挥了关键作用。

（一）案例分析的价值

案例分析是一种高效的教学工具，其核心价值在于通过具体、生动的实例，将抽象的金融科技理论知识具象化，使学生能够直观地感受到这些知识在实际操作中的应用。成功与失败的案例，如同两面镜子，既展示了正确应用理论的辉煌成果，也揭示了偏离轨道可能导致的惨痛教训。这种双重视角的呈现，不仅可以帮助学生深刻理解金融科技的应用场景，还可以促使他们思考如何在复杂多变的市场环境中做出明智的决策。

更进一步，案例分析还促进了学生之间的交流与讨论。在共同分析案例的过程中，不同的观点和见解相互碰撞，激发出新的思考火花。这种互动不仅丰富了课堂内容，还培养了学生的团队合作精神和沟通能力，为他们未来在金融科技领域的职业生涯奠定了坚实的基础。

（二）模拟训练的实践性

模拟训练利用先进的技术手段，为学生构建了一个高度仿真的金融环境，使学生能够在没有实际风险的情况下进行决策和操作。这种训练方式极大地降低了学生在真实市场中犯错的成本，同时提高了他们的应变能力和实战经验。

在模拟训练中，学生需要面对市场波动、风险管理、产品设计等一系列复杂问题，并在有限的时间内做出决策。这种高强度的训练不仅考验了学生的专业素养，还锻炼了他们的心理素质和抗压能力。更重要的是，通过模拟训练，学生能够深刻体会到金融科技行业的复杂性和挑战性，从而更加珍惜每一次实践机会，努力提升自己的综合素质。

（三）批判性思维与分析能力的培养

案例分析与模拟训练不仅是知识的传递和技能的训练，更是批判性思维与分析能力的培养。在案例分析中，学生需要运用所学知识对案例进行深入剖析，提出假设、收集证据、进行推理并最终得出结论。这一过程要求学生具备高度的逻辑性和严密的思维能力，能够透过现象看本质，发现问题的根源所在。

同时，案例分析还鼓励学生进行反思和批判。他们不仅要分析案例中的成功因素，还要深入挖掘导致失败的原因和教训。这种反思和批判的过程有助于学生培养独立思考的习惯和批判性思维的能力，使他们在未来的工作中能够更加全面地分析问题、更加准确地判断形势并做出正确的决策。

四、持续的反馈与改进

在实践能力的培养过程中，持续的反馈与改进是必不可少的环节。通过有效的反馈机制，学生可以及时了解自己的不足并进行改进，从而提升其综合能力。

（一）反馈的重要性

定期的反馈可以反映出学生在实践舞台上的每一个动作、每一次尝试。它不仅仅是对过去努力的总结，更是对未来方向的指引。通过定期反馈，学生能够清晰地看见自己的优点，那是他们自信的源泉，也是继续前行的动力；同时，反馈结果也毫不留情地揭示了他们的不足，提醒他们正视问题，勇于挑战。这种双重的认知体验，让学生在肯定与否定之间找到了平衡，促使他们更加全面地审视自己，为接下来的成长蓄力。

值得注意的是，反馈的来源应当多元化，以确保其全面性和客观性。教师的专业眼光、指导者的丰富经验、同学的独特视角共同编织了一张紧密的反馈网络，让学生在多维度的审视下，发现那些可能被忽视的细节与盲点。这种多方位的反馈，不仅增强了反馈的准确性和深度，也促进了学生之间的交流与互动，形成了一种积极向上的学习氛围。

（二）建立反馈机制

高效的反馈机制，是连接学生与实践世界之间的桥梁，它确保了反馈信息的及时传递与有效处理。在学习的过程中，我们应当有意识地构建这样的机制，使之成为推动学生成长的重要力量。定期的评估会议，为学生提供了一个集中展示自我、接受评价的平台。在这里，他们可以自信地展示自己的成果，同时也能够虚心听取他人的意见和建议。而个人进展汇报，则是一种更为私密和个性化的反馈方式，它鼓励学生自我反思，主动记录并分享自己的成长轨迹。

除了这些正式的反馈渠道，我们还应鼓励学生之间建立日常的交流机制，如小组讨论、经验分享会等。这些非正式的交流方式，往往能够激发出更多的创意和灵感，让学生在轻松愉快的氛围中相互学习、共同进步。通过这些机制的建立，我们为学生搭建了一个全方位、多层次的沟通平台，让他们在实践中能够更加顺畅地交流思想、分享经验、解决问题。

（三）改进与调整的实施

在接收到反馈后，学生需要做的不仅仅是简单的接受或否定，更重要的是根据反馈内容进行深入的反思和改进。这是一个动态的自我优化过程，它要求学生具备敏锐的洞察力、果断的决策力和持续的行动力。

首先，学生需要重新评估自己的学习方法，看看是否存在效率低下、效果不佳的问题。如果存在这样的问题，就需要及时调整学习策略，寻找更加适合自己的学习方式。

其次，学生还需要针对实践项目的执行策略进行改进。这包括对项目目标的重新定位、对任务分配的优化调整以及对风险控制的加强等。通过这些改进措施的实施，学生可以更加高效地推进项目进展、提高实践成果的质量。

最后，团队合作方式的优化也是不可忽视的一环。在团队合作中，每个成员都扮演着重要的角色，他们的协作方式直接影响着团队的整体表现。因此，学生需要学会倾听他人的意见、尊重他人的想法、积极寻求共识并共同解决问题。通过这样的方式，他们可以建立起更加紧密和高效的合作关系，为实践项目的成功实施提供有力保障。

第六节　持续学习与知识体系更新的路径

一、终身学习的理念

金融科技人才必须树立终身学习的理念，以确保自身知识体系与行业发展同步，从而在不断变化的市场中保持竞争力。

（一）终身学习的必要性

在金融科技这一日新月异的领域，技术的迭代速度超乎想象，从区块链、大数据、人工智能到云计算，每一项技术的突破都深刻地改变着金融行业的面貌。这种快速变化不仅要求金融科技人才具备扎实的专业基础，更要求他们拥有敏锐的洞察力和持续学习的能力。

1. 应对技术变革的迫切需要

金融科技的每一次飞跃，都伴随着新技术、新工具和新理论的涌现。这些新技术不仅提升了金融服务的效率与便捷性，也带来了前所未有的挑战与机遇。金融科技人才若不能紧跟时代步伐、及时更新知识结构，便有可能在激烈的竞争中掉队。因此，终身学习成为他们适应技术变革、保持职业竞争力的关键。

2．促进个人成长的内在动力

除了职业发展的需要，终身学习也是金融科技人才个人成长的必然选择。在持续学习的过程中，他们不仅能够拓宽视野、增长见识，还能培养创新思维和解决问题的能力。这种内在的成长动力，将促使他们在职业生涯中不断追求卓越、实现自我价值的最大化。

3．应对市场需求的灵活应对

随着金融科技的不断发展，市场需求也在不断变化。金融科技人才需要具备敏锐的市场洞察力，能够准确捕捉市场趋势，及时调整自己的职业规划和学习方向。通过终身学习，他们可以更加灵活地应对市场变化、抓住机遇、规避风险，从而在职业生涯中取得更大的成功。

（二）自主学习能力的培养

在终身学习的道路上，金融科技人才不仅要具备强烈的学习意愿，还要掌握自主学习的能力。这种能力是他们持续学习、不断进步的重要保障。

1．识别学习需求

金融科技人才需要关注行业动态、技术发展趋势以及自身职业发展的需求，明确自己在哪些方面存在知识短板或技能缺陷，从而有针对性地制定学习计划。

2．制定学习计划

金融科技人才应该根据自己的学习需求、时间安排和学习资源等因素，制定具体、可行的学习计划。计划应包括学习目标、学习内容、学习方法和时间安排等要素，以确保学习的系统性和有效性。

3．选择学习资源

金融科技人才可以通过阅读专业书籍、参加在线课程、参与行业论坛等方式获取学习资料。同时，他们还可以利用互联网资源，如专业网站、博客、社交媒体等，了解最新的行业动态和技术进展。

4. 自我评估学习效果

金融科技人才应该定期对自己的学习成果进行评估，检查是否达到了预期的学习目标。通过自我评估，他们可以及时发现学习中的不足和问题，并采取相应的措施加以改进和解决。

二、利用在线学习平台

（一）多样化的学习资源

现代科技的迅猛发展，特别是互联网技术的普及，为学习者构建了一个全球性的知识宝库。在线学习平台，如Coursera、edX等，犹如一座座桥梁，连接了世界各地的顶尖学府与求知若渴的学生。这些平台不仅汇聚了海量的课程资源，更涵盖了金融科技这一前沿领域的方方面面，从基础的区块链原理到复杂的人工智能算法，从实用的数据分析技巧到前瞻的金融科技趋势，应有尽有。

学生们在这些平台上，可以根据个人的兴趣、职业规划或学习需求，自由挑选适合自己的课程。无论是希望拓宽知识视野的初学者，还是希望深耕某一领域的专业人士，都能在这里找到适合自己的学习资源。更重要的是，这些在线课程通常由该领域的专家学者亲自授课，他们不仅传授专业知识，还分享行业见解与实战经验，使学习过程更加贴近实际，更具针对性。

此外，现代科技还推动了学习资源的数字化与多媒体化。除了传统的文字教材，视频教程、音频讲解、动画演示、VR等多媒体资源也被广泛应用于在线学习中。这些多样化的学习资源不仅丰富了学习形式，提高了学习兴趣，还使复杂抽象的概念变得更加直观易懂，有助于学生更好地理解和掌握知识。

（二）学习的便捷性与灵活性

在线学习平台的兴起，彻底打破了传统教育在时间与空间上的限制。学生们不再需要按照固定的时间表前往教室听课，也不再受限于地理位置。只要有网络连接和设备支持，他们就可以随时随地开启学习之旅。这种便捷性与灵活性极大地提高了学习的自主性和效率。

对于金融科技人才而言，这种便捷的学习方式尤为重要。他们往往需要在紧张的工作之余进行自我提升，以跟上行业发展的步伐。在线学习平台为他们提供了理想的学习场所。无论是利用午休时间观看一段视频课程，还是在通勤路上通过手机App进行互动测验，学生们都能充分利用碎片化时间进行学习。这种高效的学习方式不仅有助于他们快速掌握新技能和知识，还能在无形中提升他们的职业竞争力。

（三）社区与互动学习

在在线学习平台上，学生们不仅可以独立学习课程内容，还可以加入各种学习社群，与来自不同背景、不同领域的学习者交流经验、讨论问题。这种互动学习的模式不仅丰富了学习体验，还激发了学生们的学习热情和创造力。

在金融科技领域的学习社群中，学生们可以就最新的行业动态、技术趋势、案例分析等话题展开深入讨论。他们可以通过分享自己的见解和疑问，获得来自同行或专家的反馈和建议。这种交流互动不仅有助于学生们加深对所学知识的理解和掌握，还能帮助他们拓展视野、拓宽思路。更重要的是，通过参与社群活动，学生们还能建立起广泛的人脉网络，为未来的职业发展奠定坚实的基础。

此外，现代科技还为在线学习平台提供了丰富的互动工具和功能。如实时聊天室、在线论坛、问答专区等，这些工具使学生们可以更加便捷地进行交流和互动。同时，一些平台还引入了智能推荐系统，根据学生的学习行为和兴趣偏好，为他们推荐相关的课程和资源，进一步提升学习的针对性和效果。

三、参与行业研讨会与论坛

在当今这个日新月异的金融科技时代，行业研讨会和论坛成为连接理论与实践、推动行业发展的重要桥梁。它们不仅是获取行业动态的前沿阵地，更是经验交流、网络建设与创新思维碰撞的绝佳平台。

（一）获取行业动态的前沿信息

在金融科技领域，技术的飞速发展与市场环境的瞬息万变要求从业者必须保持高度的敏感性和前瞻性。参与行业研讨会和论坛，就如同站在了时代的潮头，能够第一时间把握到行业的脉搏。这些活动汇聚了全球顶尖的专家、学者、企业家以及政策制定者，他们带来的不仅仅是最新的研究报告、技术成果，更有对市场趋势的深刻洞察和对未来发展的独到见解。

金融科技人才通过参与这些活动，能够系统地了解行业的最新形势，包括但不限于区块链、人工智能、大数据、云计算等前沿技术的最新进展；同时也能深刻感知市场需求的微妙变化，把握住新兴业务模式和商业机会。这种信息的获取，不仅有助于个人知识体系的更新与升级，更为其在职业生涯中做出正确决策提供了有力支撑。

此外，行业研讨会和论坛还常常邀请政府代表和行业领袖就政策导向、监管趋势进行解读，这对于金融科技企业在合规经营、风险控制等方面具有重要指导意义。学生们可以借此机会，深入理解政策背后的逻辑与意图，为企业的长远发展布局提供参考。

（二）经验交流与网络建设

在金融科技这个高度专业化、国际化的领域里，经验交流显得尤为重要。行业研讨会和论坛为学生们提供了一个跨越地域、跨越组织的交流平台。在这里，他们可以与具有不同背景、不同专长的专家和同行进行面对面的沟通，共同探讨行业热点、难点问题，分享成功案例与失败教训。

这种深入的交流不仅能够帮助学生们拓宽视野、拓展思维，更能够让他们在实践中少走弯路、提高效率。同时，通过频繁的互动与合作，学生们还能够建立起广泛的专业人脉网络。这些人脉资源不仅是信息获取的渠道，更是未来合作与共赢的基石。在金融科技这个充满挑战与机遇的行业中，拥有一个强大的职业网络无疑将大大增加个人的竞争力和影响力。

（三）激发创新思维与灵感

行业研讨会和论坛是激发创新思维与灵感的绝佳场所。在这里，学生们可以近距离接触到行业内的领军人物和创新先锋，聆听他们关于未来趋势的预测与构想，感受他们对于创新的执着与追求。

通过与这些行业领袖的互动交流，学生们能够获得全新的视角和思考方式，这对于打破传统思维定势、激发创新思维具有重要意义。同时，研讨会和论坛上的主题演讲、圆桌讨论、案例分析等环节也为学生们提供了丰富的思想碰撞机会。在这些环节中，不同的观点、理念相互交织、碰撞，往往能够产生令人意想不到的火花与灵感。

此外，行业研讨会和论坛还常常设置创新展示环节，展示最新的金融科技产品或解决方案。这些展示不仅可以让学生们直观感受到创新的力量与魅力，更能够激发他们对于创新的热情与信心。通过观摩、学习这些创新成果，学生们可以汲取灵感与启示，为自己的创新实践提供有力支持。

四、建立专业社交网络

专业社交网络，不仅是一个获取信息的渠道，更是一个促进个人成长与行业融合的重要平台。

（一）职业发展的重要性

在金融科技这一日新月异的领域，职业发展之路如同一条蜿蜒曲折的河流，既充满挑战也孕育着无限机遇。建立专业社交网络，就是为学生们铺设了一条通往成功彼岸的桥梁。它不仅是一个简单的联系方式集合，更是职业生涯中不可或缺的助力器。

1. 洞察行业脉搏，把握未来趋势

在专业社交网络中，学生们能够第一时间接触到行业内的最新动态、政策变化和技术革新。这些信息如同风向标，指引着他们在职业道路上做出正确的决策。通过与行业专家的直接交流，学生们还能深入了解行业的未来走向，从而提前布局、抢占先机。

2. 拓展人脉资源，构建职业网络

人脉是职场中最宝贵的资源之一。在专业社交网络中，学生们有机会结识来自不同公司、不同岗位的同行和前辈。这些联系不仅能为他们提供宝贵的职业建

议，还能在关键时刻成为他们职业生涯中的贵人。例如，当学生面临职业选择困惑时，前辈的经验分享可能为他们指明方向；当遇到合适的项目或工作机会时，同行之间的推荐则可能为他们开启一扇新的大门。

3. 提升个人品牌，增强职业竞争力

在专业社交网络中，学生们通过分享自己的见解、经验和成果，可以逐渐建立起自己的个人品牌。这种品牌效应不仅能提升他们在行业内的知名度，还能增强他们的职业竞争力。当潜在雇主或合作伙伴在搜索人才时，一个拥有良好个人品牌的学生更容易脱颖而出，成为他们关注的焦点。

（二）信息分享与知识积累

专业社交网络不仅是信息的集散地，更是知识交流与积累的宝库。在这个平台上，学生们可以自由地分享学习资源、探讨技术难题、交流行业见解，共同推动金融科技领域的进步与发展。

1. 实时更新，紧跟时代步伐

金融科技领域的技术更新速度极快，新的理念、方法和工具层出不穷。在专业社交网络中，学生们可以实时获取这些最新的知识资源，包括学术论文、研究报告、技术博客等。这些资源不仅能够帮助他们拓宽视野、增长见识，还能为他们的学习和研究提供有力的支持。

2. 深度交流，激发思维火花

除了信息的获取，专业社交网络还为学生们提供了一个深度交流的平台。在这里，他们可以就某个技术难题展开激烈的讨论，也可以就某个行业趋势发表自己的看法。这种交流不仅有助于学生们深入理解问题本质、拓宽思维边界，还能激发他们的创新思维和创造力。

3. 知识沉淀，构建个人知识体系

通过长期的信息分享与交流，学生们可以逐渐积累起丰富的知识资源。这些资源不仅包括来自他人的经验和见解，也包括自己在学习和实践中所获得的心得体会。通过整理、归纳和提炼这些资源，学生们可以构建出属于自己的知识体

系，为未来的职业发展奠定坚实的基础。

（三）促进跨领域的合作与创新

在金融科技领域，跨领域的合作与创新是推动行业发展的重要动力之一。而专业社交网络正是这种合作与创新的催化剂之一。

1. 打破壁垒，促进资源共享

在传统的职场环境中，不同领域之间的壁垒往往较高，资源难以共享。而专业社交网络则打破了这种壁垒，使来自不同背景的专业人士能够轻松地进行交流与合作。通过共享资源、交流经验和探讨问题，他们可以在各自的领域内取得更大的突破和进展。

2. 激发灵感，催生创新成果

跨领域的合作往往能够激发新的灵感和创意。在专业社交网络中，来自不同领域的专业人士可以相互启发、相互借鉴，从而催生出新的项目或研究方向。这些创新成果不仅有助于推动金融科技领域的发展与进步，还能为整个社会带来更加便捷、高效和安全的金融服务。

3. 拓展视野，提升行业竞争力

通过跨领域的合作与交流，金融科技领域的学生们可以拓展自己的视野和思维方式。他们不再局限于自己的专业领域，而是能够站在更高的角度去看待问题、思考问题。这种全局性的视野和思维方式不仅有助于他们更好地应对复杂多变的行业环境，还能提升整个行业的竞争力。

参考文献

[1]段菁菁，万晓丹. 科技金融创新的理论与策略研究[M]. 北京：中国纺织出版社，2021.

[2]樊莉. 科技与金融的搜寻匹配及政策效果研究[M]. 兰州：兰州大学出版社，2020.

[3]胡舒予. 金融风险与金融科技探究[M]. 北京：中国言实出版社，2024.

[4]黄开颜. 新时代科技金融发展路径探索[M]. 北京：北京工业大学出版社，2021.

[5]李建军. 金融科技理论与实践[M]. 北京：中国财政经济出版社，2021.

[6]林川，翟浩淼. 金融科技概论[M]. 重庆：重庆大学出版社，2023.

[7]刘变叶，张雪莲，郑颖，等. 金融科技结合的路径创新[M]. 北京：中国经济出版社，2021.

[8]刘鹏飞. 产业金融创新与变革[M]. 北京：中国计划出版社，2024.

[9]孟添. 上海金融科技人才发展研究[M]. 上海：上海大学出版社，2020.

[10]邱丽燕. 金融科技与金融监管研究[M]. 北京：九州出版社，2020.

[11]谭华. 金融教学改革理论与实践[M]. 北京：中国原子能出版社，2022.

[12]吴军梅. 新时代财富管理应用型人才培养的探索与实践[M]. 厦门：厦门大学出版社，2020.

[13]吴敏珏. 数字经济时代金融科技理论与发展[M]. 长春：吉林出版集团股份有限公司，2021.

[14]谢正娟，周璇，唐婷，等. 金融发展、科技创新与实体经济增长[M]. 成都：四川大学出版社，2020.

[15]殷林森，杨超. 基于校企合作的金融科技人才培养模式与专业建设研究[M]. 北京：中国经济出版社，2023.

[16]张云. 数据智能金融人才培养与教学研究[M]. 北京：中国财政经济出版社，2021.